Franz Thormann

Thierri von Vaucouleurs' Johannes-Legende

Franz Thormann

Thierri von Vaucouleurs' Johannes-Legende

ISBN/EAN: 9783743354388

Hergestellt in Europa, USA, Kanada, Australien, Japan

Cover: Foto ©ninafisch / pixelio.de

Manufactured and distributed by brebook publishing software (www.brebook.com)

Franz Thormann

Thierri von Vaucouleurs' Johannes-Legende

THIERRI VON VAUCOULEURS'
JOHANNES-LEGENDE.

INAUGURAL-DISSERTATION

ZUR ERLANGUNG

DER PHILOSOPHISCHEN DOCTORWÜRDE

VORGELEGT

DER HOHEN PHILOSOPHISCHEN FACULTÄT
DER UNIVERSITÄT BERN

VON

FRANZ THORMANN.

DARMSTADT.
G. OTTO'S HOF-BUCHDRUCKEREI.
1892.

Auf Antrag des Herrn Professor Dr. Freymond von der Fakultät zum Druck genehmigt.

Der Codex Nr. 388 der Berner Handschriftensammlung ist seinem Inhalt nach bekannt. J. R. Sinner, *Catalogus codicum MSS. bibliothecae bernensis* T. III. p. 390 verweist selbst auf ein früher von ihm verfasstes Büchlein, *Extraits de Poésies du XIII. siècle*, Lausanne 1759, ein seltenes Schriftchen, ohne Verfassernamen erschienen, worin der damalige Bibliothekar der Berner Stadtbibliothek durch die Inhaltsangabe einzelner Dichtungen der Bongars'schen Manuscriptensammlung, als einer der Ersten, den Sinn für altfranzösische Kunst und Litteratur zu wecken suchte. Ludwig von Steiger, *Verzeichniss der Handschriften, welche im Jahr 1612 von Jakob von Bongars an Jak. v. Graviseth und von diesem anno 1632 an die Berner Stadtbibliothek geschenkt worden sind* (ms. — 1861—67. B. I p. 562), fügt der Aufzählung der Manuscripte zum Theil irrige Notizen über deren Inhalt bei. Endlich giebt Groeber in: Hermann Hagen, *Catalogus codicum bernensium (bibliotheca bongarsiana)* ein genaues Inhaltsverzeichniss von unserm Codex mit Angabe der Folienzahl, Anführung der Anfangszeilen der einzelnen Texte und Datirung der Handschrift in die Wende des XIII·XIV. Jahrhunderts.

Das Manuscript Nr. 388 enthält drei Texte: 1^0 *Das Leben des Apostels Johannes* (f^0 1-f^0 44c) — 2^0 *Merlin's Prophezeiungen* (f^0 45a-f^0 104b) [1] — 3^0 *Die 7 Weisen Rom's* (f^0 105a —135c).[2] Nummer 2^0 & 3^0 sind Prosawerke.

---

[1] Zur Kenntniss des im Mittelalter zum Wahrsager und Propheten gestempelten Merlin vergl. '*Merlin, publ. par G. Paris et J. Ulrich*, Paris 1886' (i. d. Publikationen der Société des anciens textes); auch Freymond in Zeitschrift XVI p. 106 u. 113.

[2] vergl. '*Leux rédactions du roman des sept sages de Rome, publ. par G. Paris*' (Soc. des anc. textes). Die vorliegende Redaktion dieses

Unser Quartband von 135 Pergament-Folien gehört nach
dem Urtheil oben genannter Gelehrten dem spätern XIII. Jahrhundert an; auf diesen Zeitpunkt deuten auch, wie wir später
sehen werden, einzelne sprachliche und orthographische Eigenthümlichkeiten des Schreibers. Das Manuscript ist im Ganzen
genommen wohl erhalten; die ersten Blätter nur, welche
blossgelegen haben, sind etwas verwittert und deren Schrift
verblasst; unbedeutende Risse oder Löcher erschweren hin
und wieder das Lesen. Was die Schrift betrifft, so ist sie
deutlich und schön; sie trägt durchweg den gleichen Charakter;
überhaupt hindert nichts, das ganze Buch einem einzigen
Kopisten zuzuschreiben. Einzelne pikardische Eigenthümlichkeiten finden sich in den 3 Texten wieder; und ist auch die
Schrift manchmal feiner und manchmal wieder gröber, so
wechselt das hin und wieder je nach der Laune des Scribenten
oder seiner Feder, aber ohne dass die Art seiner Buchstaben
sich dabei wesentlich änderte. Stellenweise sind, was auch
anderswo vorkommt, einzelne Buchstaben der obersten Zeile
nach oben hin schleifenähnlich verlängert und gezackt (f° 7-
f° 15); dann nimmt die Begeisterung des Kalligraphen wieder
ab. Die Interpunktion ist nicht durchgeführt. Ob auch
grössere Initialen, Miniaturen und sonstiger Schmuck fehlen,
so ist doch das ganze Manuscript sehr sorgfältig und sauber
ausgeführt; Korrekturen und Streichungen kommen äusserst
selten vor; manchmal ist das Liniennetz noch sichtbar, das
den Zeilen ihre untadelige Richtung gab. Der einzige Schmuck
zur Auszeichnung einzelner Schriftzeichen besteht im mässigen
Gebrauch rother Tinte, und zwar macht ihrer jeder der drei
Texte eine verschiedene Anwendung: Das 'Johannesleben'
schmückt das Anfangswort jedes Verses mit einer einfachen
Initiale, durch die ein senkrechter rother Balken gelegt ist;
'Merlin's Prophezeiungen' erhielten zur Markirung einzelner
Abschnitte ganz rothe Initialen; der 'Weisen-Roman' endlich
kennzeichnet den Beginn jeder neuen Erzählung durch eine
leuchtende Feuerschrift. Hübsch sind auch die aus einem

Romans gehört der von G. Paris aufgestellten A-Classe derselben an
(s. Einleitung der betreffenden Ausgabe).

zugeknöpften Aermel wachsenden, feinen Hände, welche mit langgestrecktem Zeigefinger auf wichtige Stellen der 'Prophezeiungen' weisen, und die ebensogut vom Schreiber schon, als später von einem eifrigen Leser herrühren können. Doch beschränken wir uns nun auf den Text, dessen Behandlung vorliegende Arbeit gewidmet ist.

Ohne Ueberschrift und ohne ein besonderes Merkmal beginnt er mit dem ersten Blatte; vielleicht dass demselben ehemals etwas vorangieng, vielleicht aber auch nicht. Eine moderne Hand hat am Rand dieser ersten Seite das Inhaltsverzeichniss des Codex aufgezeichnet und giebt unserm Text den nichtssagenden Titel: *Vers antiques.* Die sobenannte Dichtung ist das Fragment eines Leben des Apostel Johannes in paarweis-gereimten Achtsilbnern, das auf 44 Folio-Blättern, deren jedes 4 Kolonnen zu 34 Versen enthält — die letzte Kolonne Nr. 44 c hat nur 30$\frac{1}{2}$ Verse — 5946 Verse zählt. Das Leben und Wirken des Verfassers der Apokalypse hat sich unser Dichter, Thierri von Vaucouleurs, zum Vorwurf genommen, davon zu erzählen, was die Bibel zu berichten unterlässt.

In der erzählend-religiösen altfranzösischen Litteratur hat die Apostellegende weniger Verbreitung gefunden als der Inhalt der Bibel einerseits, die Heiligenlegende andrerseits; ersterer belehrte den Laien über die Dinge des Glaubens, letztere befriedigte in hohem Masse seinen Hang zu mystischen Schwärmereien. Die Apostellegende, ein Mittelding zwischen einer neutestamentlichen Erzählung und einem Heiligenleben, befriedigte weder den religiöse Erbauung suchenden, noch den nach Wundern verlangenden Leser in gleicher Weise, wie jene beiden Gattungen. Die Apostelgeschichte berichtet in markiger und gedrängter Weise von der Ausbreitung des Christenthums; diese Idee entgieng aber dem Volk, dem die Thaten und Erlebnisse der Apostel um ihrer selbst willen gefielen. Bald genügten ihm daher die gedrängten Nachrichten der h. Schrift nicht mehr, und aus diesem Bedürfniss heraus wuchsen die neutestamentlichen Apokryphen, die aus Mangel an tieferem Gedankengehalt wie auch durch die

1*

phantasielose, ewige Wiederholung derselben und ähnlicher Anekdoten so ermüdend wirken.

So erklärt sich, dass Dichtungen, wie die vorliegende, die mittelalterliche Litteratur nicht gerade überfüllt haben. Trotzdem ist unser 'Johannes-Leben' nicht einzig in seiner Art. Bekannt sind mir drei Handschriften einer *'Vie de saint Jean l'évangéliste'*: 1⁰ MS. F 149 der Nationalbibliothek von Madrid — 2⁰ MS. Fr. 2039 der Nationalbibliothek von Paris — 3⁰ MS. 307 (früher 851) der Bibliothek von Arras — (vergl. *bulletin de la soc. des anc. textes franç.* a. 1878 T IV p. 38 ff. und p. 60 ff.; — *Romania XVII* p. 387). Diese Dichtung hat zwar den Helden gemein, steht aber als litterarisches Produkt mit unserm Epos in keinem Zusammenhang. Was nun schliesslich unser 'Johannes-Leben' betrifft, so ist mir keine andere Redaktion, als die vorliegende Berner Handschrift bekannt.

Lasst uns zunächst mit dem Inhalt vertraut werden:

Dieser zerfällt in drei Theile: a. *Die Einleitung* — b. *Erzählung vom Leben und Tod des Apostels Johannes* — c. *Fragmentarischer Anhang zu derselben.* Die beiden letztern Abschnitte enthalten kein geistiges Eigenthum des Dichters, der hier im Grossen und Ganzen bloss Uebersetzer ist; dagegen ist die Introduktion sein Werk und daher zu seiner Beurtheilung vorwiegend massgebend, da sich ja hier die Art und Weise des Poeten und die Blume seiner Dichtung und Phantasie freier entfalten kann als in seiner Dolmetscher-Thätigkeit.

INHALTSANGABE.

I. Einleitung — (f⁰ 1 a-f⁰ 2 d). Das Gedicht beginnt mit einer typischen Anrufung Gottes, zu dessen Ehre dies Werk unternommen ist.

(f⁰ 1 a) A la loenge et a la gloire
 Deu nostre pere ceste estoire
 Vuel de latin en romans metre
 Tot mot a mot celonc la lettre:
 C'est de celui loial menistre,
 Don soverain euuangeliste,

A cui deus comanda sa mere
Quant en crois soffri mort amere[1].

Seinen Stoff hat er in der Klosterbibliothek einer metzischen Abtei gefunden, welche, vom h. Patiens gegründet, eben dem Johannes geweiht war, die aber zu seiner Zeit St. Arnoul heisst. Der Apostel selbst hatte den Heiligen nach Metz gesandt, wo er als Bischof, Johannes zur Ehre, das Kloster erbaute. Dann starb er; doch ist im Boden, soweit man suchen mag, sein Grab nicht zu finden; daher der Glaube, er sei nicht gestorben, sondern mit Leib und Seele in den Himmel gefahren:

(f⁰ 1 b) Et si en welent aucun croire
K'en la tres soveraine gloire
Fu portes en cors et en ame,
Si con la gloriose dame,
K'en tel maniere i fu portee,
Si con je croi, et coronee:
Ke je cuit ke ja dex soufrist
Ke li saintisme chars pourist,
Ne fust viande as vers de terre
Ou il vint humanite querre.

Nun kehrt der Dichter zu Johannes zurück, um ein Bild seines hehren Charakters zu entwerfen und die 7 Gnadengaben aufzuzählen, welche ihm Gott vor andern Sterblichen zutheil werden liess:

(f⁰ 1 b) De Saint Jehan di jou ausi
Ke nostre sires l'ama si
Ke molt de graces li moustra,
Dont il les autres sains outra.
Por quoi dex le vot tant amer,
Les graces wel(t) totes nomer.
Ke schascuns voie clerement

---

[1] Da wir es hier mit einer einzelnen Handschrift zu thun haben, und sich daher schwerlich die urspr. Formen fehlerlos wiedereinsetzen liessen, habe ich die angeführten Citate nicht uniformirt; einzig Nachlässigkeiten des Kopisten habe ich mir, wo sie auf der Hand lagen, zu verbessern erlaubt. Wichtigere Fälle sind natürlich bemerkt.

> Por qu'il l'ama plus fermement.
> Il fu virges tote sa vie;
> Ains sa chars ne fu enpirie
> Ne sa vie ne fu tentee
> En cuer, en cors ne en pensee
> De la charnel fragilite,
> Ains ot en lui virginite
> Tant con il vesqui tote entiere:
> Ceste fu la raisons premiere.

Diese Herzensreinheit ist die erste Gnadengabe Christi; die zweite ist:

> (f⁰ 1 b) Ke sor son pis le fist cochier
> Le soir que il sist a la cene.
> Deus, con fu ceste grace amene!

Die dritte ist, dass Christus ihm am Kreuz seine Mutter anvertraute, die er von da an wie seine eigene Mutter ehrte. Die vierte Guade bezieht sich ebenfalls auf die Ereignisse bei der Kreuzigung:

> (f⁰ 1 c) La quarte grace fu qu'il vit
> A cel jor que dex mort soffri
> Aigue et sanc issir de son cors;
> Puis, cele ore que dex fu mors,
> Ce nos tesmogne que il vit
> En l'avangile qu'il escrit,
> K'il estoit ja mors sans dotance
> Ains qu'il fust ferus de la lance.

Die fünfte Gunst bezieht sich darauf, dass ihn Gott so sehr liebte, dass er ihm die Geheimnisse des Himmels offenbarte; und die sechste, damit im Zusammenhang, dass die h. Dreieinigkeit nur durch ihn den Menschen fassbar würde:

> (f⁰ 1 c) Ke la trinitei nos desclost
> Si con el ciel puisie l'o(s)t.

Die letzte Gnadengabe Gottes ist ein schmerzloser Tod:

> (f⁰ 1 c) Et iceste fu la sietisme:
> K'ains dex ne li lassa sentir

Ne mal ne poine a son morir,
Ce qu'il ne fist ainc por nului.

Diese und noch viele andere Vorzüge zeichneten Johannes aus; daher ist er es wohl werth, dass man sich mit ihm beschäftige. Zu diesem Zweck hat unser Dichter, auf zwei lateinische Berichte gestützt, seine Arbeit unternommen, was ihm die des Latein unkundigen Laien und in Sonderheit die Frauen danken mögen:

f° 2 a) Et les dames meismement
Ki lo doivent molt bonement
Sor tous servir et onorer,
Ke il les fasce demorer
Les virges en virginite
(Et)les castes en lor castee,
Et en saintes ouvres les tiegne
Et en sa garde les mainteigne,
Si con il fist la gloriouse
Ki a deu fu mere et apouse;
Ke por ice tant soulement
K'il la garda tant saintement,
Lo doient amer toutes dames
Et honorer de cors et d'ames;
Et par droit amer le devoit,
Ke molt pres li apertenoit:
Ce soit a tos chose certainne,
K'ele estoit sa tante germainne;
Por ce la dut il bien garder.

Nachdem er mit diesen feinen, zierlichen Worten den Damen seiner Zeit ihre Johannes geschuldete Dankbarkeit an's Herz gelegt, erörtert Thierri von Vaucouleurs zur genauern Orientirung in langwierigen Versen den Stammbaum desselben und seinen Verwandtschaftsgrad zu andern Kirchenhäuptern.

Aber Johannes, ein leiblicher Vetter Jesu, hatte noch einen Bruder, S. Jakob d. Aeltern, zu dem man aus der ganzen Welt nach Galizien[1] wallfahrtet. Wenn man das

---

[1] S. Jago di Compostella.

thut, so soll gleicher Weise der Ort besucht werden, der dem
Andenken Johannis geheiligt ist:

> (f⁰2c) Puis c'on va requerre celui,
> Bien doit on requerre cestui;
> Molt doit estre li lius requis,
> Ou cil precious deus fu mis.
> Dex, con est dignes li autex
> Ou li saintuaires est tex!

Der Dichter ereifert sich für seine Abtei St Arnoul,
die des ihr gebührenden Rufes nicht mehr in dem Masse
theilhaftig ist, wie sie es war und noch sein sollte. Nicht
umsonst ward sie mit namhaften Privilegien ausgestattet, so
dass sie niemandem Rechenschaft schuldig ist, denn allein
dem Papst:

> C'est de l'autel toute la summe.

Nun sind wir über die Persönlichkeit Johannis und über
den Zweck dieser Dichtung genügend unterrichtet. Nachdem
Thierri uns noch zuvor seine Quellen genannt und seine
beiden Gewährsmänner vorgestellt hat, achtet er, uns seine
Erzählung nicht mehr vorenthalten zu dürfen. (f⁰2d).

II. Die Erzählung — Nach Christi Himmelfahrt ist's,
und die Jünger sind einmüthig bei einander in Gethsemane.
Des Befehls ihres Herrn eingedenk, bereiten sie sich auf
Missionsreisen vor, wobei Petrus den Einzelnen die einzu-
schlagende Richtung vorschreibt. Johannes trifft es nach
Ephesus. Er überwindet bald einen Anfall von Kleinmuth.
Zum Weggeleit wird ihnen der Spruch des Herrn:

> (f⁰3a) Soies tuit con li serpent sage,
> Con coulon sinple sans outrage.

Nachdem sich jeder Apostel einen Jünger zum Begleiter
ausgewählt, geht die Versammlung auseinander, wohin das
Loos einen jeden ruft. Prochorus, der Gefährte des Johannes
ist es, der von nun an die Erzählung ihrer gemeinsamen Erlebnisse in der ersten Person weiterführt.

Nach einem dreitägigen Aufenthalt in Joppe schiffen
sich die Beiden nach Kleinasien ein. Johannes weissagt

Gefahr ohne zu wissen, worin sie bestehen wird. Da erhebt sich ein Sturm. Die Schiffsmannschaft hastet. Der Heidenapostel allein bewahrt seine Ruhe; er offenbart seinem Begleiter, dass diesen und die übrigen Insassen des Schiffes kein Unglück treffen werde, während sein eigenes Geschick ihm zur Stunde noch verborgen sei; sollte er entrückt werden, so möge Prochorus drei Monate in Ephesus auf ihn warten und nach erfolglos abgelaufener Frist zum Bischof Jakobus nach Jerusalem zurückkehren. Der Sturm wird immer gewaltiger:

(f⁰3d) Nostre nef brisa et nos nuit
Des vespre jusk'a mienuit.

Da nähert man sich dem Gestade und macht sich an die beschwerliche Landung, die denn auch gelingt. Einzig Johannes ist verschwunden, was in der Seele der abergläubischen Schiffsknechte den Argwohn erregt, der beiden Juden könnten Zauberer sein, die den Sturm zu ihrem Verderben heraufbeschworen hätten. Da die Landung in die Nähe von Seleucia in Cilicien stattgefunden hatte, wird Prochorus vor den dortigen Statthalter geschleppt, um von ihm verhört zu werden. Sein bescheidenes Auftreten und seine ungekünstelte Vertheidigungsrede bezeugen seine Rechtschaffenheit:

(f⁰4c) „Ne somes mie enchanteour,
Ains sons serjant au salveour".

Da diese Vertheidigung seine Unschuld an den Tag legt, so lässt man ihn laufen, worauf er, allein und zu Fuss, dem Meeresufer entlang Ephesus zuwandert. Unterwegs, wie der Getreue melancholisch seines Weges zieht, sieht er eine rollende Welle landwärts streben, welche ihm unverhofft den Meister an's Ufer speit.

Endlich erreichen die Wiedervereinigten ihr Reiseziel, die berühmte Stadt Ephesus,

(f⁰4d) C'on disoit le leu de Dyane;

denn Diana spielte daselbst eine grosse Rolle.

Beide verdingen sich bei einer Römerin, welche das Bad des Fürsten Dioscorides leitete, und werden von ihr wie

Sklaven geschlagen und gestäupt. An diesem Ort trieb sich der Teufel um, der Gewalt über das Haus hatte, da bei seinem Bau ein lebendiges Mädchen eingemauert worden war. Nun verfügte der böse Geist über drei Tage im Jahr, an denen ihm jeweils ein Unglücklicher zum Opfer fiel. Diesmal traf es sich, dass just der achtzehnjährige Sohn des Fürsten dem Daemon in die Hände fiel und von ihm erdrosselt wurde. Als diese Hiobsbotschaft dem ahnungslosen Vater überbracht wurde, tödtete ihn der plötzliche Schreck. Darob hub ein grosses Heulen und Wehklagen im Volke an. Glücklicher Weise für die trauernden Epheser weilten die Abgesandten des lebendigen Gottes unter ihnen, welche die Macht zu helfen besassen. Johannes, welcher den Teufel bereits durchschaut und verbannt hatte, benutzt nun die Gelegenheit, um seiner Mission Eingang zu verschaffen: Vater und Sohn werden den Armen des Todes entrissen und dem jubelnden Volke wieder geschenkt.

(f⁰ 8 a) Apres ceu si baptiza il
Dioscorides et son fil.

Der Fürst und viel Volks, von so augenscheinlichen Wundern überzeugt, lassen sich nach einer religiösen Unterweisung taufen.

Obgleich nun Dioscorides und eine auserwählte Schaar zu Christen geworden waren, so hieng doch die Mehrzahl der Epheser noch ihrer berühmten Diana an. Bei'm Anlass eines Festes der Göttin wandte sich der Zorn des heidnischen Volkes gegen den ihm lästigen Propheten, und Johannes sollte gesteinigt werden. Aber so gut die aufgeregten Bürger auch zielen mochten, so traf doch kein einziger Stein den Apostel, den Gott beschützte; wohl aber wurde sonderbarer Weise das Diana-Bildniss immer wieder getroffen, bis es endlich zusammenbrach. In blinder Wuth darüber gerathen die Heiden in Zwist miteinander und morden sich, so dass der Tempelhof sich mit Leichen bedeckt. Johannes aber lässt nicht ab dem verblendeten Volk den alleinigen Gott, Herrscher Himmels und der Erde, zu predigen; im Bewusstsein seiner Ueberlegenheit verfolgt er sein Ziel, das er endlich auch erreicht.

Die Ungläubigen werden kleinlaut: Sie wollen sich bekehren unter der Bedingnng, dass er die 800 Opfer ihrer Raserei in's Leben zurückrufe;

(f⁰ 8 d) Se resucites ces mors homes,
Celui deu croirons que tu nomes.

Das geschicht, und Johannes wird als ein Gott verehrt. Es folgt die Heilung eines Lahmen an der Stadtmauer. Solches hiess dem Teufel sein Spiel verderben. Er brütet daher Rache und nimmt die Gestalt eines Gefängnisswärters aus Caesarea an, dem angeblich zwei Zauberer entronnen sind, denen er nun auf die Spur zu kommen sucht. Der betrübte Teufel gewinnt zwei junge Männer für seinen Plan, denen er Gold verspricht, falls sie der Beiden habhaft werden können. Diese erkennen sofort in Johannes und Prochorus die bewussten Zauberer wieder und schleppen sie vor Gericht. Nun ist aber der vorgebliche Gefängnisswärter, der es nicht wagt, seinem Besieger als Kläger gegenüber zu treten, nirgends mehr zu finden, und die Klage wird zurückgezogen. Sie werden freigelassen; doch müssen Beide um der lieben Ruhe willen — der Dianatempel war auf Veranlassung des Apostels ohne Verlust von Menschenleben eingestürzt — die Stadt verlassen:

(f⁰ 11 a) Lors fumes feru et boute
Et issimes de la cite.

So gelangen sie nach Marmoreon, verweilen aber nicht lange daselbst, da Gott sie nach Ephesus zurückkehren heisst, von wo er sie nach Verlauf von 3 Monden nach Pathmos senden werde, um diese Insel dem Christenthum zu gewinnen. Wieder in der Hauptstadt zurück, finden sie sämmtliche Tempel durch ein Erdbeben niedergerissen;

(f⁰ 11 b) Car dex ot trebuchie chascun,
K'en la vile n'en avoit un.

Die kurze Zeit, welche Johannes noch in dieser Stadt vergönnt war, verbrachte er in voller Heilsthätigkeit, handelnd und leidend. Hiermit schliesst ein grösserer Abschnitt unserer Erzählung:

(f° 11 b)   Tous ces signes S. Jehans fist,
　　　　　　Li apostres deu Jesucrist,
　　　　　　Ains k'en Pathmos fust essilies.

Gott hatte beschlossen seine Diener nach Pathmos zu senden, er veranlasst daher die Einwohner der Stadt, welche über die vermeintlichen Zauberer und Tempelstürmer erbost waren, an den Kaiser Domitian nach Rom zu schreiben, um seinen Willen, die beiden Juden betreffend, zu erfahren. Domitian lässt ihnen allsogleich antworten, die Aufrührer seien zu verbannen. Der Brief lautete folgendermassen:

(f° 11 c)   Domiciens Cesar comande,
　　　　　　Li grans enpereres, et mande
　　　　　　A ceus d'Efese la cite,
　　　　　　Ke li felon c'ont enchante
　　　　　　Le peuple et ki lor loi enpechent
　　　　　　Et encontre les dex preechent,
　　　　　　K'en Pathmos soient essillie
　　　　　　Et a tous jors mais envoie,
　　　　　　Ou il grant dolor sofferont
　　　　　　Tant ke il se remenbreront,
　　　　　　Ke jamais ne sera dit d'eus
　　　　　　Riens ki soit encontre les dex.

Dieser Befehl ist der Gemeinde Ephesus genehm, von den getauften Schaaren und dem machtlosen Fürsten Dioscorides ist nicht mehr die Rede. Johannes und Prochorus werden ergriffen und schändlich misshandelt, bevor man sie abführt;

　　　　　　Quant on nos ot ensi penes,
　　　　　　Si nos ont en la nef menes.

Auf der Fahrt ereignet es sich, dass ein angetrunkener Jüngling bei'm Tanz in's Meer fällt. Seine Gesellen, welche von Johannis Wunderthaten gehört haben, hängen sich an ihn und flehen ihn um seine Hülfe an. Dieser prüft zunächst ihren Glauben:

(f° 12 a)   S. Jehans au premier a dit:
　　　　　　Ki est tes dex? Il respondit:

Jupiter Febus, Hercules,
Liber, ces iiij aour(s) ades,
Tuit cist iiij mi grant deu sunt.
S. Jehans a dit an secund:
Ki est tes deus ou crois tu plus?
Cil respont: Esculapius
Est mes deus et apres Diaine,
D'Efese la plus soveraine.

Johannes befrägt einen nach dem andern. Von allen diesen Götzen aber vermag keiner seinen Anhängern in der Noth beizustehen. Was den falschen Göttern nicht gelingt, das thut der wahre Gott auf das Gebet seines Predigers hin: der Jüngling taucht lebend aus den Fluten und ist vom Tode errettet.

Bald darauf erhebt sich ein Sturm, der sich aber auf Geheiss Johannis ohne Schaden anzurichten wieder legt. Nun wird im Lande Epicurus (Epidauris) gelandet, wo der Jude Marcon seinen Leuten befiehlt, das Schiff mit den darin befindlichen beiden Magiern anzustecken. Diesen Wuthausbruch des halsstarrigen Hebraeers dämpfen die Kriegsleute, indem sie ihm zu verstehen geben, er würde gegen den Kaiser handeln, in dessen Auftrag die Gefangenen nach Pathmos verbannt werden:

(f⁰ 12d) Ke se sera contre le roi,
Se vos nos faisies nul anoi!

In Mirreon werden sie wieder durch die Krankheit eines Matrosen hingehalten. Nach Verlauf von 8 Tagen glauben sie um eines Mannes willen nicht länger warten zu dürfen; sie beschliessen, ihren Kameraden im Stich lassend, weiterzureisen. Das giebt Johannes nicht zu;

(f⁰ 13a) K'ensi ne doit on pas guerpir
Son conpaignon en autre terre
Por un petit de son tans perdre!

Er heilt den Matrosen, dessen Gefährten nicht wissen, wie sie ihm danken sollen. Ebenso erschreckt als erfreut, fragen sie sich:

(f° 13 c) Que ferons
De cest home par cui sauf sons,
Ke li foudre dou ciel ne vagne,
Ki por nos pechies nos enprengne?

Endlich beschliessen sie, seine Bande zu lösen, was aber Johannes in ihrem Interesse nicht zugiebt. Auf einer letzten Station mangelt süsses Wasser. Johannes lässt Meerwasser in die Krüge schöpfen, wobei dasselbe seinen bittern Geschmack verliert und geniessbar wird. Die Schiffsleute und Soldaten, von der Heiligkeit Johannis überzeugt und das baldige Ende ihrer gemeinsamen Fahrt voraussehend, lassen sich endlich taufen und werden Christen.

In Pathmos angelangt, verweilen seine neuen Freunde noch einige Tage mit ihrem Meister, der sie im Glauben festigt; schliesslich aber müssen sie sich doch, ob auch ungern, von ihm trennen und nach Hause zurückkehren:

(f° 13 d) Si sunt a joie revenu
A Rome(!), dont furent venu.

In Pathmos eröffnet sich unsern Missionaren ein weites Arbeitsfeld. Wir begleiten Johannes auf allen seinen Gängen durch die Heideninsel, die er erst verlassen wird, wenn der letzte Mann die Taufe empfangen hat und dadurch zum Christen geworden ist.

In der Stadt Floran, wo sich die Beiden zunächst niederlassen, verweilen sie im Hause eines gewissen Miron, welcher

(f° 13 d) Trois fils ot plains de grant savoir
De la science de clergie.

Einer von diesen, ein grosser Philosoph, war von einem Dämon besessen, der die heiligen Männer nicht in seiner Nähe dulden konnte. Er zwang daher sein willenloses Opfer, das Elternhaus zu verlassen und in einem Abschiedsbrief die Verbannten zu beschuldigen. Als das ruchbar geworden, wurde Johannes ergriffen und eingekerkert. Dieser schickt Prochorus mit einem Beschwörungsbrief dem Unseligen nach;

(f° 15 b) Et quand Apollidines l'a
Entendu, onques ne parla.

Der böse Geist fährt aus ihm; wieder zur Besinnung gelangt, sieht er seine Thorheit ein, kehrt nach Hause zurück und befreit Johannes aus seinen Fesseln. Er bittet, ihn im Glauben zu unterweisen.

(f⁰ 15 c) Mais or vos proi que m'aprendes
Le sen de deu que vos saves,
Par quoi puissiemes la lumiere
Entendre k'ades est entiere.

Seine Bekehrung zieht die Taufe der ganzen Familie und anderer hervorragenden Persönlichkeiten nach sich. Nun folgen eine Anzahl kleinerer Wunder, neue Heilungen, Taufakte in Verbindung mit Beschenkung der Armen und Teufelsaustreibungen, wie sie sich nach jeder ausführlich berichteten Episode einstellen. Durch solche Thaten verpflichtet sich Johannes nach und nach einen grossen Theil der Inselbewohner.

Ein berühmter Zauberer, Kynopes, von Bürgern aufgefordert den Einsturz eines Tempels zu rächen, geht mit Johannes eine Art Zweikampf ein, wessen Kunst die grössere sei. Der Schauplatz ist das Meeresufer. Kynopes tritt zuerst auf:

(f⁰ 22 d) En la mer saut et crie et brait,
Si en a un diable trait.

Er zieht einen Teufel aus dem Meer und giebt ihn für den ertrunkenen Vater eines anwesenden jungen Mannes aus, der den zugestutzten Dämon wirklich anerkennt. Johannes wird für besiegt erklärt und gesteinigt, der Zweikampf ist aber damit noch nicht entschieden. Der Apostel steht, nachdem er lange wie todt dagelegen, unverhofft wieder auf, und Kynopes, der Schlimmeres ahnt und alles verloren giebt, verschwindet in den Fluthen. Die Bürger aber sind über diesen Ausgang zu Tode betrübt; denn sie glaubten an den Wundermann. Sie nehmen weder Speise noch Trank mehr zu sich und lassen sich elendiglich verschmachten. Nun ist es an Johannes zu handeln: er auferweckt die Verhungerten und bringt die Sterbenden zur Besinnung. Da glaubt ihm endlich die verstockte Schaar und lässt sich taufen.

Neue Folge von Wunderthaten des Johannes, welcher einen jüdischen Schriftgelehrten bekehrt, an der Rennbahn einen Kranken heilt, die kinderlose Frau des Statthalters am Hafenort gebären lässt und ihre Familie tauft. In Mirnibie werden alljährlich dem Gott Louf zwölf Kinder geopfert. Johannes, der gerade am betreffenden Festtag in diese Stadt kommt, erkundigt sich nach dem Anlass zur Feier, worauf man ihm die gewünschte Auskunft giebt. Bald wird sich die Prozession, die zum Opfertod geschmückten Knaben voran, zum Tempel bewegen;

(f° 27 b)   Et si seront tantost offert
            Au Louf, nostre deu, en apert.

Johannes gelangt, sich für einen Anbeter dieses Götzen ausgebend, in das Heiligthum. Jener erweist sich als ein feiger Teufel, der dem Gottesmann nicht standhält, sondern stracks in die Hölle fährt. Hierauf hält Johannes den nahenden Zug vor den Tempelstufen an. Die bewaffnete Priesterschaft, nicht wenig erstaunt, ihren Gott nicht mehr vorzufinden, tritt für ihn ein und stellt sich zur Wehr, wird aber vom Apostel gebändigt, der die weissgekleideten Opfer entfesselt und den glücklichen Eltern wiedergiebt. So verschafft er sich das Herz des gemeinen Volkes zugleich mit dem Hass der betrogenen Priesterschaft. Es musste daher noch etwas geschehen, auch diese zu gewinnen: Ein Priestersohn wird im Bad von einem bösen Geiste — dem gleichen, welcher den Fürstensohn von Ephesus getödtet hatte — meuchlings erdrosselt. Johannes schenkt dem Betreffenden ein neues Leben und verjagt den Dämon, worauf auch die überzeugte Geistlichkeit auf seine Seite tritt:

(f° 28 d)   Comande kenke tu vouras,
            Nos ferons tout se que diras!

Folgt die Heilung eines Besessenen mit nachheriger Taufe und Allmosenvertheilung.

Ein Tempel, dessen Priester ihr Fest mit Essen, Trinken und Huren feierten, wird niedergerissen; dem Zauberer aber, der 12 Teufel für die umgekommenen Priester ausgiebt, wird diesmal vom gewitzigten Volke kein Glaube geschenkt.

Die folgende Geschichte behandelt die blutschänderische Liebe einer Mutter zu ihrem Sohn, den sie bei'm Statthalter verläumdet. Antipater, der Sohn der Prochaine, soll in die Löwengrube geworfen werden. Vergebens betheuert Johannes dessen Unschuld, auch ihm droht das gleiche Schicksal. Da erbebt die Erde und streckt die Leute steif und leblos zu Boden; des Weibes Augen kehren sich nach Innen, giftige Schlangen züngeln nach ihr und entlarven die Schuldige. Da fühlt Johannes Erbarmen; er heilt die Sünderin und ihre Helfershelfer, welche aus Dankbarkeit seinen Glauben annehmen. Die von ihrer Leidenschaft befreite Mutter vertheilt ihr Gut den Armen. (f⁰ 35).

Nach soviel Arbeit ist Pathmos endlich dem Reiche Gottes gewonnen, und keiner ist, der nicht getauft wäre.

Des inzwischen verstorbenen Domitian Nachfolger ist ein Freund der Christen; da er von Johannis Tugenden hört, hebt er den Bann gegen ihn auf. Dieser beabsichtigt nun, die dortigen Brüder zu stärken, nach Ephesus zurückzukehren, wird aber von den Bewohnern von Pathmos festgehalten. Sie bestürmen ihn dazubleiben, oder ihnen doch wenigstens einen Trost zurück zu lassen:

(f⁰ 36a)   Au moins lasse nos en escrit
Les paroles deu Jesucrit
Et les fais; tant aiens de toi,
Ke plus certain soiens en foi,
K'en la grant erron ne cheiens
Ou nos premierement estiens!

Diesem Wunsch zu entsprechen, zieht sich Johannes in die Einsamkeit zurück, verweilt, ohne Speise und Trank zu sich zu nehmen, drei Tage lang auf einem öden Berg und befiehlt Prochorus, Tinte und Pergament zu holen, niemandem aber zu verrathen, wo er sich aufhalte. Das geschieht. Unter Donner und Blitz schreibt Prochorus die Worte des verzückten Sehers auf. Dann wird eine Kopie davon verfertigt und den Leuten von Pathmos ausgehändigt; der Apostel aber und Prochorus segeln nach Ephesus zurück.

Doch Johannis wechselreiches Leben naht dem Ende.

Eines Tages — da er wusste, dass Gott ihn zu sich verlange — heisst er 7 Jünger Hacken und Schaufeln zu sich nehmen und ihm folgen. An einen einsamen Ort gelangt, hält er an und befiehlt ihnen, in Kreuzesform ein Grab zu graben. Er selbst wendet sich abseits und betet anhaltend; dann kehrt er zu den Jüngern zurück, küsst sie und steigt in die Grube. Er legt sich mit ausgebreiteten Armen hin und lässt die untere Hälfte des Grabes bis zu seinen Knieen zuschütten. Als das geschehen, betet er abermals und küsst wiederum seine Geliebten. Dann lässt er sich bis zum Halse zudecken. Er betet nun zum dritten Mal und nimmt Abschied von seinen Getreuen, in Sonderheit von Prochorus. Wieder befiehlt er, dass man ihn küsse und sein Gesicht mit einem Tuch verhülle. Kaum ist auch das geschehen, so giebt er seinen Geist auf:

(f⁰ 37 b) Dou drap covrimes sa veue,
Et puis si a l'ame rendue.

Nachdem der Dulder gestorben, wird er vollends mit Erde zugedeckt, worauf die trauernden Jünger nach der Stadt zurückkehren.

Als man andern Tages die Todesstätte aufsuchte, war Johannis Leib entrückt worden. (Vergl. die Textprobe).

III. Der fragmentarische Anhang — (f⁰ 39-f⁰ 44) Mit dem Tode des Johannes schliesst aber die Dichtung noch nicht, vielmehr heben, als Nachtrag und aus anderer Quelle geschöpft, einige übergangene Episoden aus seinem Leben an.

Wir schauen wieder in jene Zeit zurück, da Johannes auf den Befehl des Kaisers Domitian, Nero's Nachfolger, vor dem ephesischen Gerichtshof seinen Glauben abschwören soll.

Da er darauf nicht eingeht, sondern vorgiebt, Gott mehr als den Menschen gehorchen zu müssen, so wird er gefangen nach Rom geschleppt, wo er den Märterertod erleiden soll. In ein siedendes Oelbad geworfen, wird er wunderbar bewahrt, so dass seine Unschuld an den Tag tritt. Nichtsdestoweniger wird er nach Pathmos verbannt, wo er die Apokalypse schreibt:

(f⁰ 40a) Ensi fu en Pathmos tramis
S. Jehans par les anemis
Nostre signor deu Jesucrist,
On il la Pocalipse escrit
De sa main, et dex propement
Li ot fait le demostrement.

Die Bischöfe von Ephesus trauern um ihren verbannten Lehrer und suchen nach Mitteln und Wegen, seine Befreiung zu erlangen. In diesem Sinne beschliessen sie eine Verschwörung gegen den Kaiser anzuzetteln, welche diesem den Tod, Freiheit aber dem Johannes bringen sollte. Sie müssen Domitian bei den Senatoren zu verdächtigen suchen.

(f⁰ 40b) D'unes lettres lors s'apenserent
Que a ceus de Rome manderent.

Sie hatten des gegenwärtigen Krieges Rom's mit dem König von Assyrien gedacht und berichteten folgende Gerüchte, die ihrer Ansicht nach vollständig begründet seien:

(f⁰ 40c) Que l'enpereres voirement
De Rome doit novellement
Penre la fille au roi d'Assire;
Ensi est apasie l'ire
De ce dont estoient contraire.
Si li a done en dovaire
lxx des senators
De Rome, de tos les mellors,
Et lor femes et lor anfans;
Et apres tous li remenaus
De Rome ert a son truage
Tos jors mais et a son servage.
Et nos d'Efese le savons,
De vos molt grant pitie avons;
Por ce vos avons envoies
Par nos mesages ices bries.

Dieses Schreiben war ganz dazu angethan, die bedrohten Römer aus ihrer Ruhe aufzuschrecken; sie, das heisst:

2*

Tuit li grant senator de Rome,
Li haut baron et li prodome,

beschliessen denn auch sofort die Ermordung ihres Kaisers.
Noch am gleichen Tage wird er auf dem Kapitol erdolcht.[1]
Nun Domitian gestorben ist, wird der Bann gegen
Johannes aufgehoben. Die Epheser, hocherfreut über das
Gelingen ihres Planes, machen sich auf und geleiten ihren
Meister in ihre Stadt zurück. Hier wird er mit grossen
Ehren empfangen;

(f° 40 d) Et si i fu juske au jor
Que dex au maingier le semont
De sa grant gloire la amont.

Schon bei seinem Einzug in Ephesus begegnet Johannes
einem Trauerzug: Sie begraben die Drusiana, eine treue
Christin, welche lange die Rückkehr des Apostels ersehnt
hatte, und die nun, überwältigt von Freude über die frohe
Botschaft, soeben verschieden ist. Der Jünger Jesu weckt
sie von den Todten auf.

Des andern Tages begegnen Johannes und seine Anhänger einem Stoiker Craton, welcher auf öffentlichem Platze
sein Wesen treibt. Von ihm heisst es kurz und bündig:

(f° 41 a) Craton apeler se fasoit,
Par sanblant le mont despisoit.

Craton lehrte die Welt verachten. Eben hatte er zwei
Jünglinge für sich gewonnen, welche unter dem Beifall der
Menge ihre Edelsteine und andere Kostbarkeiten zertrüm-
mert hatten. Johannes, der vorübergehend diesem thö-
richten Schauspiel beiwohnt, tadelt eine solche Handlungs-
weise, welche vor den Menschen, nicht aber vor Gott Ruhm
erntet. Will man sich Schätze im Himmel sammeln, so ver-

---

[1] So sonderbar diese Erzählung, durch das Ungeschick des
Dichters, auch klingen mag, so entbehrt sie doch nicht eines Kern's
von Wahrheit: Gemeint ist wohl der für Rom unglückliche Krieg gegen
die Dacier (a. 86—90), von denen Domitian durch Zahlung eines jähr-
lichen Tributs den Frieden erkaufen muss. Der christenfeindliche
Kaiser, bei seinem Adel verhasst, wird ermordet (a. 96), und Nerva
wird von der Senatspartei auf den Thron gehoben.

kaufe man sein Gut und schenke den Erlös den Armen. Craton entgegnet, wenn das der Wille Gottes sei, so möge er es dadurch bekräftigen, dass er das Unglück wieder gut mache. Auf Johannis Gebet hin fügen sich die zerbrochenen Kostbarkeiten wieder zusammen. Die Jünglinge erkennen nun den Christen als den grössern Philosophen an; sie verkaufen ihr Hab und Gut, geben den Erlös den Darbenden und folgen ihrem Meister nach.

Doch sind ihre Prüfungen nicht zu Ende! Denn wie sie in die Nähe ihres ehemaligen Besitzthums gelangen, begegnen ihnen ihre aufgeputzten Diener, und Traurigkeit erfasst sie bei'm Gedanken an verlorenes Erdengut. Johannes will dem Gelüsten ihres Herzens nicht entgegen sein; da er sieht, dass sie, geistiges und ewiges Gut gering achtend, nach weltlichem und vergänglichem Wohlsein trachten, so ist er bereit ihren Wünschen zu entsprechen: Aus Ufersteinen zaubert er ihnen Edelgestein, Gold aus Reisbündeln. Dann verabschiedet er sie. Gehet hin, ruft er ihnen zu, schmückt euch für diese Zeitlichkeit, an Gott habt ihr kein Theil mehr;

(f⁰ 42b) Et soies ausi con les roses,
Qui tant con eles ont la flor
Si sunt eles de grant odor,
Et quant ont la flor abatue,
S'ont tote la biaute perdue!

Seid reich in der Zeit, arm in der Ewigkeit! Hieran schliesst sich die Parabel vom reichen Mann und dem armen Lazarus, mit dem Motto:

(f⁰ 43b) Car cil qui les richeces aime,
Sers au vil diable se claime.

Folgt eine Abhandlung über den Werth und Unwerth der irdischen Güter: Die ächten Güter sind den Menschen gemeinsam; wer des Leibes Nothdurft hat, soll sich genügen lassen; aus Ueberfluss entstehen Schmerzen und Unfriede; endlich scheidet der Mensch nackt aus dieser Welt, einzig die Sündenlast mit sich schleppend, für die ihm drüben ewige Strafe wird.

Ein Gestorbener, der in diesem Augenblick herbeigetragen wird, wird von Johannes auferweckt, damit er den Beiden offenbare, welches Heil sie verscherzt und welche Strafe sie auf sich geladen. Der Auferstandene verheisst ihnen die Greuel der Hölle, wenn Johannes nicht ihre Seelen erwecke, wie er ihn erweckt habe. Die Brüder bekehren sich wieder und werden zu Gnaden angenommen, da Gott nicht die Strafe des Sünders will, sondern dass er sich bekehre und lebe. Johannes erbarmt sich ihrer:

(f⁰ 44 c)   Si vit que chascuns se repent,
            Molt grans pities au cuer l'en prent.

Mit dem Beginn einer neuen Predigt schliesst das Fragment.

DIE QUELLEN.

Das vorliegende 'Johannes-Leben' ist natürlich kein Werk der dichterischen Phantasie, sondern geht auf ältere Berichte zurück. Thierri von Vaucouleurs giebt uns selbst darüber Auskunft, aus welcher Quelle er geschöpft habe.

Gleich in den Anfangszeilen bekennt er, seinen Stoff einer lateinischen Vorlage entnommen zu haben:

(f⁰ 2 a)   Et lonc ce ke on oit retraire
           Wel le romans dou latin traire,
           Ke cil qui ne pueent entendre
           Lou latin i puissent aprendre.

Zwei Texte sind es, welche der Dichter nach seiner eigenen Aussage benützt hat, und deren von einander abweichende Darstellung ihn zwang, da er keine Episode missen mochte, die Einheit seines Werkes aufzugeben, indem er es nach den sich ergänzenden Berichten seiner Gewährsmänner höchst ungeschickt in zwei Theile trennte.

Folgende Auskunft giebt er uns über seine Quellen [1] in den Einleitungen zu den betreffenden Abschnitten:

---

[1] Schon Sinner und Steiger machen Thierri's Quellen namhaft.

A. IN DER EINLEITUNG ZUM ERSTEN BERICHT:

(f° 2 d) Or wel venir a ma matire
De ce qu'ai propose a dire
Del cosin germain Jhesu Christ,
Ausi con Prochorus l'escrist
En griu, et puis fu translatee
De griu et en latin tornee.

Diesem Prochorus[1], der kurz nach Christi Tod in Jerusalem als Almosenpfleger erwähnt wird (Apostelgesch. 6,5), einem Anhänger Jesu und angeblichem Begleiter Johannis auf seinen Missionsreisen, wird ein apocryphisches Leben seines Meisters zugeschrieben, das ursprünglich griechisch verfasst, in einer lateinischen Bearbeitung in den Ausgaben der **Bibliotheca patrum** Platz gefunden hat.

B. IN DER EINLEITUNG ZUM FRAGM. ANHANG:

(f° 37 c) Et ces miracles fist en letre
Uns siens autres diciples metre,
Ki li veskes Milles ot non,
De Lodice, de grant renon.

Ein anderes von den zahlreichen Leben Johannis wird in der That nach **Mollitus**[2] benannt, der selbst kein Augenzeuge jener Ereignisse ist, sondern den griechischen **Leucius**[3] übersetzt und ergänzt.

Seinen Vorlagen folgt der Dichter — soweit die Uebertragung der lateinischen Prosa in französische Verse es ihm erlaubt — ziemlich genau, ja oft beinahe wörtlich. So ist denn hier die Versicherung des Poeten, er befleissige sich

---

[1] Siehe die bibliograph. Notizen zu St. Prochore bei: **Chevalier** 1875; über die Ausgaben der vita siehe **Fabricius**, Bibl. graeca IX p. 30.

[2] Vergl. **Chevalier** über 'Mellitus'; Ausgabe in: **Fabricius**, Codex apocryphus T. III p. 604.

[3] **Tischendorf**, acta apostolorum apocrypha 1851 p. LXXIII u. 266 ff.

grösstmöglicher Genauigkeit, keine blosse formelhafte Phrase;
er strebt nach einer Uebersetzung:

(f⁰ 1 a) Tot mot a mot celonc la lettre.

Um so auffälliger muss daher die abweichende Ordnung
und Wiedergabe einzelner Episoden scheinen. Da der Wortlaut der Manuscripte, welche unserm Dichter zu Verfügung
standen, nicht genau zu bestimmen sein wird, so lassen sich
nur schwer aus dem Vergleiche vorliegender Dichtung mit
ihrer lateinischen Vorlage in den Formen, wie sie auf uns
gekommen ist, genaue Schlüsse ziehn für die Behandlung
derselben durch den Uebersetzer. Eine Anlage beider lateinischen Texte, welche derjenigen durchweg entspricht, welche
der Dichter in seiner Bearbeitung zeigt, giebt es meines
Wissens nicht. Da er nun, während er in der Anordnung
ganzer Episoden von seinen Quellen abzuweichen scheint, im
Einzelnen die uns bekannten Vitae wörtlich wiedergiebt, so
lassen sich die Verschiedenheiten auf willkürliche Verschiebungen einzelner Scenen durch den französischen Bearbeiter
oder auf abweichende Vorlagen desselben zurückführen.

Die Episode vom siedenden Oelbad. — Diese Bemerkungen gelten vorzugsweise für die Erzählung von Johannis
wunderbarer Errettung aus dem siedenden Oelbad in Rom,
welche aus der Vita des Prochorus in die des Mellitus verpflanzt erscheint. Bei Prochorus nämlich schliesst sich diese
unmittelbar an die Geschichte vom Teufel als Gefängnisswärter aus Cäsarea und den Einsturz des Dianatempels an,
indem die nach dreitägiger Abwesenheit nach Ephesus zurückgekehrten Missionare bei'm christenfeindlichen Domitian verklagt, von diesem nach Rom befohlen werden, wo Johannes
gemartert wird. Da er unversehrt die peinlichsten Qualen
erträgt, befiehlt der Kaiser das Verfahren gegen ihn einzustellen und ihn nach Ephesus zurückzubringen, bis er weiter
über ihn verfüge.[1] In Ephesus angelangt, erhält Johannes von

---

[1] **Maxima bibliotheca veterum patrum et antiquorum scriptorum
ecclesiasticorum** ... nach **Margarino de la Bigne.** Lugduni apud
Anissonios MDCLXXVII T. II, f⁰ 46 ff: historia Prochori, Christi discipuli. — (Cap. XI) Tunc Domitianus jussit, ne amplius proconsul

Gott den Befehl, nach Pathmos zu gehen. Unwissend muss Domitian als Werkzeug Gottes dienen; denn da die beiden Christen von neuem die Heiden verwirren, verbannt sie der Kaiser nach jener Insel. Hieran fügt sich die abenteuerliche Schifffahrt nach Pathmos und der weitschweifige Bericht über die Christianisirung der Insel, was wir schon aus der Inhaltsangabe unseres Gedichtes kennen.

Dieselben Thatsachen erzählt auch unser Text; mit dem Unterschied zwar, dass sie hier getrennt erscheinen. Während die Meerfahrt Johannis sich im ersten Abschnitt der Erzählung findet, ist das siedende Oelbad für den Anhang verspart worden. Nach überstandenem Gottesgericht wird hier Johannes unmittelbar nach Pathmos in's Exil geschickt, wo er die Apokalypse schreibt. Im selben Jahre wird aber Domitian vom Senat ermordet, worauf der Gottesmann, aus der Verbannung gerufen, nach Ephesus zurückkehrt. Die Verbannungsepisode wird also zweimal und in verschiedener Weise berichtet. Oder stellt sich unser Dichter eine zweimalige vor, wobei Johannes das erste Mal sein Evangelium, das zweite Mal die Apokalypse geschrieben hätte? Jedenfalls hat er sich nicht bestrebt, beide Berichte in Uebereinstimmung zu bringen.

Am einfachsten wäre die Erklärung, dass wir es bei unserm Text mit zwei unabhängigen Dichtungen zu thun haben, welche erst durch einen Ueberarbeiter zusammengeschweisst worden sind. Diese Annahme ist aber aus Gründen der Sprache und Ausführung ausgeschlossen. — Die sonderbarste Abweichung besteht nun aber darin, dass die Geschichte vom Oelbad, welche unser Prochorus-Text erzählt, hier aus Mellitus geschöpft sein will, der doch erst die Ereignisse nach Johannis Rückkehr aus Pathmos berichtet und alles übrige als Einleitung zu seiner Vita mit ein paar Worten abthut, wenn er sagt: Secundam post Neronem persecutionem Christianorum Domitianus exercuit, unde factum est, ut S. Joannes apostolus tolleretur de Epheso et in Pathmos insulam in exilium

---

Johannem torqueret, sed reduceret eum, ut dein amplius disponeret, quid de eo esset agendum.

mitteretur, in qua insula Apocalipsim, quam ei Dominus relevavit, manu sua conscripsit. Domitianus autem eodem anno, quo jussit S. Joannem exiliari, a senatu Romano interfectus est, et quoniam Deo cura fuit de apostolo suo, ex totius senatus consulto hoc definitum est, ut quicquid Domitianus fieri voluit cassaretur, hinc factum est, ut s. Joannes, qui voluntate Domitiani exilio cum injuria fuerat deportatus, cum honore ad Ephesum remearet.[1]

Mit dieser Einleitung zu Mellitus' Werk stimmt aber die Aussage unseres Dichters durchaus nicht überein, wenn er sich folgendermassen ausdrückt:

(f⁰ 37 c) Si fu en oile boillant mis,
Dont il issi noient malmis;
Apres tout ce fu essillies
En l'isle de Pathmos chacies:
Tout ce li veskes Milles dist,
Ains ke riens descrire vosist
Des miracles ke fais avoit
Puis ke il revenus estoit
De Pathmos en Efese ariere,
Dont il traita en tel maniere.

Besser dagegen stimmt folgende Stelle, welche letztern Versen unmittelbar vorangeht, mit dem lateinischen Text überein; es sind die ersten Zeilen des Anhangs:

(f⁰ 37 c) Ci conmence uns autres traities,
Ki fu escris et portraities
Sus aucuns miracles ke il
Fist puis que il revint d'essil,
Ke Prochorus n'avoit pas fais,
Ne mis en livre ne retrais,
Et ces miracles fist en letre
Uns siens autres diciples metre,
Ki li veskes Milles ot non,
De Lodice, de grant renon.

Während an der frühern Stelle dem Bischof Mellitus auch die Episode vom siedenden Oelbad in die Schuhe ge-

---

[1] Fabr. Cod. apocr. III p. 604.

schoben wird, ist ihm also ein paar Zeilen weiter oben sein
Antheil richtig zugemessen; denn hier wird doch die bestimmte
Absicht ausgesprochen, die Ereignisse nach der Rückkehr
aus der Verbannung zu behandeln, während die andern Verse
ein Faktum erwähnen, das jener Rückkehr, ja sogar der
Verbannung selbst vorangieng. Dass eine Stelle von diesen
Beiden, welche mit einander im Widerspruch stehen, mit der
lateinischen Vita übereinstimmt, spricht natürlich zu Gunsten
letzterer. Der Dichter muss sie in der uns geläufigen Form
gekannt haben. Folgender Passus aus dem Anfang des Gedichtes wird uns, obgleich mit obigen Stellen im Widerspruch,
dem wirklichen Thatbestand näher bringen. Zunächst aber
wirft er eine neue Behauptung auf:

(f⁰ 1 d) Por ce ai je ceste ovre enprise,
Si con la lettre le devise,
Des dous deciples que lai fisent,
Ensi con a lor iox le virent,
Ki saint Jehan ades sivoient
Et ces fais en escrit metoient
Ses dis et tot son airement;
Mais tant laisierent solement,
Coment l'enpereres de Rome,
Ki le haoit plus que nul home,
Le fist en oile boillant metre,
Dont il issi sans nul mal metre,
K'ainc n'en senti veraiement
Angoisse, poine ne torment.
Et ce ne voront il pas metre
En lor escrit ne en lor lettre;
Ki la raison en welt savoir,
Je l'en raconterai le voir:
Quant S. Jehans, li deu amis,
Fu dedans l'oile boillant mis,
Ou il point de mal ne soffrit,
Si fu tot maintenant escrit
Es annaus estoires de Rome,
Puis ne pertenoit a nul home;
Ke ce qu'en estoire estoit dit,

Fust jamais par autrui escrit.
Et por icc l'entrelassierent;
Ke quant sa vie comencierent,
C'estoit ja escrit et note,
Si con il en l'oile ot este.
Mais tot le remenant escrirent
Et molt diversement en direut.

Hieraus ist zunächst zu ersehen, dass der Dichter an diesem Ort und zu dieser Stunde weder dem Prochorus noch dem Bischof von Laodicea zu folgen wähnt. Er ist der Meinung, einen bisher unbekannten Bericht entdeckt zu haben, der in den Annalen Rom's wohl verwahrt worden sei. Hieraus ersieht man ferner, dass diese Erzählung, welche schliesslich in den zweiten Theil der Dichtung hineingezwängt worden ist, Thierri von Vaucouleurs schon bei'm Beginn seiner Arbeit beschäftigte, und dass er sie als einen Hauptanziehungspunkt seines Werkes betrachtete. Endlich verräth der letztangeführte Vers ein gewisses Unbehagen des Erzählers, der an einem Scheideweg stehend, den rechten Weg zu verfehlen fürchtet. Ihn graust vor der Vielheit der von einander abweichenden Berichte, die er nicht in Einklang zu bringen vermag. Aber ist er einerseits nicht im Stande, sie zu einer Einheit zu verschmelzen, so will er doch andrerseits keinen einzigen Zug missen; und so biegt er, statt den Schönheiten eines einzigen Pfades nachzugehen, bald rechts bald links ab, um die Süsse eines andern zu kosten. Diese Manigfaltigkeit der Berichte, welche unserm Bearbeiter zunächst mit Hinblick auf andere Theile seines Werkes Bedenken einflösst, muss auch für die Episode vom Oelbad vorgelegen haben[1]; So wenig daran zu zweifeln ist, dass wir mit Recht Prochorus' Wiedergabe gemeldeter Episode als die Quelle Thierri's ansehen, ebenso wahrscheinlich ist es, dass er noch andere Texte ähnlichen Inhalt's kannte. Ueber den Grund, wesshalb sie hier unrichtiger Weise Mellitus zugeschrieben ist, der sie nicht kennt und nie gekannt hat, lassen sich nur

---
[1] Unser Prochorus-Text, der entgegen der Aussage Thierri's darüber berichtet, weiss nichts zu melden über römische Annalen, woraus er allfällig geschöpft hätte. Diese Annalen sind mir unbekannt.

Vermuthungen aufstellen. Hat der Dichter im ersten Theil die Ansetzstelle verpasst, indem bei Johannis erster Deportation das Schiff aus Unachtsamkeit des Steuermann's auf Pathmos statt auf Rom zu segelte? Die beiden analogen Gefangennehmungen Johannis in Ephesus, welche Prochorus nacheinander erzählt und zwischen die sein Aufenthalt in Rom fällt, konnten leicht zu Verwechslungen führen. Oder hat Thierri wissentlich den Prochorus um seinen Theil betrogen? In künstlerischer Absicht ist es gewiss nicht geschehen. Möglich dass der Uebersetzer einen etwas verstümmelten Text benutzt hat; doch scheint mir, wird der Fall noch am ehesten auf das Ungeschick unseres Dichters zurückzuführen sein, der sich vor Widersprüchen nicht allzusehr scheute [1], besonders wenn es ihm aus irgend einem Grunde schwer fiel, sie zu beseitigen.

Johannis Selbstbegräbniss. — Die zweite von den eingestandenen Quellen abweichende Episode ist der Bericht über Johannis Tod, wie er den Schluss des ersten Theiles bildet. Der sonderbare Vorgang ist oben skizzirt worden, (vergl. auch die Textprobe I). Er will dem Prochorus nacherzählt sein; denn der Dichter fügt dem Schluss der Todesscene die Bemerkung bei, hier endige das glorreiche Leben Johannis in der Fassung, wie es uns von Prochorus übermittelt ist. Die betreffende Vita schliesst aber schon mit der Rückkehr Johannis nach Ephesus, wo er mit Jubel empfangen wird: Ubi cum magno gaudio occurrerunt nobis Asiani clamantes et dicentes: benedictus qui venit in nomine Domini. (Cp. XLVIII).

Was nun den Bericht des Mellitus betrifft, so hat er zwar Aehnlichkeiten mit dem vorliegenden, kann aber für diesen Punkt doch nicht als seine direkte Vorlage angesehen werden. Der Hergang bei Mellitus ist folgender: Nach Abhaltung einer Osterpredigt — es war am Tag von Christi Auferstehung — lässt sich Johannes am Altar einer ihm zu

---

[1] So heisst es im ersten Theil nach Johannis Meerfahrt von Ephesus nach Patmos, die Schiffsmannschafft sei nach Rom zurückgekehrt, während doch nirgends gesagt ist, sie seien dorther gekommen, und es doch eher Epheser werden gewesen sein. s. Inhaltsangabe.

Ehren errichteten Kapelle ein Grab ausheben; dann steigt er hinein, breitet die Arme aus und spricht ein längeres Gebet, worin er die Verwaisten dem Herrn überantwortet. Plötzlich blitzt ein blendendes Licht ihm zu Häupten, das die Anwesenden nicht zu ertragen vermögen; als nach Verlauf einer Stunde das Licht erlischt, ist auch Johannes verschwunden, und sein Grab voll wunderthätigen Manna's. [1]
Der Pseudo-Abdias[2], der im übrigen oft wörtlich mit Mellitus übereinstimmt, lässt diese Scene im Freien vor sich gehen, wo die Erscheinung des überirdischen Lichtes wegbleibt. Das zeigt ihn mit Thierri schon näher verwandt.

Unserm Text noch um ein kleines näher tritt der Bericht des Leucius[3], d. h. die griechische Vorlage des Mellitus, den dieser selbst seine Quelle nennt. Das der Gang der Handlung: Johannes heisst einige Brüder Körbe und Grabscheite mitnehmen und ihm folgen. Vor dem Stadtthor hält er an und lässt ein Grab graben; dann breitet er sein Gewand darin aus und steigt hinein. Hierauf verabschiedet er seine Jünger, die, als sie am folgenden Morgen den Ort der Trennung wieder aufsuchen, von Johannes nichts mehr vorfinden, als nur seine Sandalen, während eine Quelle aus seinem Grabe hervorsprudelt.[4]

---

[1] Post haec juxta altare jussit, foveam fieri quadratam, terram ejus foras ecclesiam projici. Et descendens in ea expandens manus suas ad Dominum dixit: . . . . (Folgt das Gebet) . . . Cumque omnis populus respondissent: Amen, lux tanta apparuit super Apostolum per unam fere horam, ut nullus eam sufferret aspectus. Postea vero inventa est fovea illa plena, nihil aliud in se habens nisi manna, quam usque hodie gignit locus ipse, et fiunt virtutes, orationum ejus meritis cum omnibus infirmitatibus et periculis liberantur omnes et precum suarum consequuntur effectum. Amen.

[2] Fabricius, Cod. Apocr. T. II p. 581 ff.

[3] Tischendorf Acta apost. apocr. p. 274 ff.

[4] Ὡς δὲ ταῦτα καὶ πλείονα τούτων ἐλάλησεν ὁ Ἰωάννης, παραθέμενος αὐτῷ τὸ ποίμνιον τοῦ Χριστοῦ λέγει πρὸς αὐτόν Παραλαβὼν τινας ἀδελφοὺς ἔχοντας κοφίνους καὶ σκαφία, ἀκολουθήσατέ μοι. ὁ δὲ Εὐτυχὴς μὴ μελλήσας διεπράξατο ὃ ἐκελεύσθη. καὶ προελθὼν ὁ μακάριος Ἰωάννης τῆς οἰκίας ἐβάδιζεν πρὸ τῶν πυλῶν, εἰρηκὼς τοῖς πλείοσιν ἀποστῆναι ἀπ' αὐτοῦ. καὶ γενόμενος εἴς τι μνημεῖον ἀδελφοῦ ἡμῶν εἶπεν αὐτοῖς σκάπτειν· κἀκεῖνοι ἔσκαπτον. ὁ δὲ Βαθύτερον, φησίν, ἔστω τὸ σκάμμα· κἀκείνων δὲ σκαπτόντων προετρέπετο τοὺς σὺν αὐτῷ ἀπὸ τῆς οἰκίας ἐξεληλυθότας, οἰκοδομῶν καὶ καταρτίζων αὐτοὺς ἐπὶ

An die aus Johannis Grab sprudelnde Quelle gemahnt eine Stelle in der Einleitung zum vorliegenden Gedicht, wo von einem Lüftchen die Rede ist, das aus dem Boden steigend, Johannis Unsterblichkeit versinnbildlicht:

(f⁰ 1 d) Et por ce creient li plusor
K'en ciel soit en ame et en cors.
Et autre chose i a encors:
Deus por lui tel miracle fist
Ke encors au jor d'ui en ist
Uns petis vens et une alainne,
Ke la porre entor li demainne:
Encor i est et i cera
Tant con li mondes durera.

Auch das Manna, das wir bei Mellitus und Abdias finden, wird in einem Vers dieser Einleitung erwähnt:

(f⁰ 1 d) Manne qui rendoit grant odour.[1]

Diese Sage von einem Staubwirbel oder fühlbaren Athemhauch, welcher Johannis Grab entsteigt, sowie vom Manna, mit dem es angefüllt war, findet sich auch sonst in den Werken der alten Kirchenhistoriker und verdankte ihre Entstehung dem Glauben, Johannes sei nicht gestorben, sondern harre auf Christi Rückkunft.[2] Beide hübsche Züge werden aber bei der eigentlichen Erzählung vom Tode des Apostels nicht wiederholt.

Wir haben nun gesehen, dass keine der angeführten lateinischen oder griechischen Texte mit unserm Johannes-Leben in der Wiedergabe seines Todes im Einzelnen genau

τὸ τοῦ κυρίου μέγεθος. ὡς δὲ ἐτέλεσαν καὶ τὸ σκάμμα οἱ νέοι καθὼς ἐβουλήθη, ἡμῶν μηδὲν εἰδότων ἀποδύεται τὰ ἱμάτια ἃ ἡμφίεστο καὶ ἐπιβάλλει αὐτὰ ὥσπερ τινὰ στρωμνὴν ἐν τῷ βάθει τοῦ σκάμματος, καὶ ἐν μόνῳ τῷ διχρωσίῳ στὰς ἀνατείνας τὰς χεῖρας ηὔξατο (§ 20) ... (Folgt ein längeres Gebet § 21) ... (§ 22) Καὶ ἀτενίσας εἰς τὸν οὐρανὸν ἐδόξασεν τὸν θεόν, σφραγισάμενός τε ὅλως ἑαυτὸς καὶ εἰπὼν ἡμῖν Ἡ εἰρήνη καὶ ἡ χάρις μεθ' ὑμῶν ἀδελφοί, ἀπέλυσεν τοὺς ἀδελφούς. ἐλθόντες οὖν ἐπὶ τὴν αὔριον αὐτὸν μὲν οὐχ εὗρον, ἀλλὰ τὰ σανδάλια αὐτοῦ καὶ βρύουσαν τὴν πηγήν.

[1] Leider sind die diesem Vers vorangehenden Zeilen weggerissen, so dass die Stelle unvollständig bleibt.

[2] Vergl. Fabricius, cod. apocr. II p. 589 Anm. — und Tischendorf, acta apost. apocr. p. LXXIV.

übereinstimmt. Die gleiche Idee ist ihnen allen gemein, auch sind die Hauptzüge der Erzählung im allgemeinen dieselben, doch ist mir keine Vita bekannt, welche diese peinliche Scene mit derselben unheimlichen Ausführlichkeit beschriebe, wie unser Gedicht. Es ist nun nicht unmöglich, dass wir in der so ungeistig aufgefassten Sterbescene der französischen Version das Werk der dichterischen Phantasie Thierri's von Vaucouleurs zu erblicken haben, der die zurückhaltenden Andeutungen seiner Vorgänger zu einem roh-realistischen Gemälde verwerthete. Bei ihm hat der erbauliche Kern von Predigt und Gebet, den wir in seinen Vorbildern finden, fast ganz der unnatürlichen Handlung weichen müssen. Immerhin mag angenommen werden, Thierri habe eine Version gekannt, welche der seinigen näher kam als die besprochenen; jene hat vielleicht einst des Prochorus vita beschlossen, welche in der Bibliotheca patrum unvollendet scheint.

Domitians Ermordung. — Die letzte Episode, welche mit Thierri's Gewährsmännern nicht übereinstimmt, und deren direkte Vorlage mir dunkel bleibt, behandelt die von den ephesischen Bischöfen angezettelte Revolution und Ermordung Domitians (f⁰ 40 a-f⁰ 40 d). Sie steht im Anhang und folgt der Geschichte vom siedenden Oelbad und Johannis Verbannung nach Pathmos. Diese Blutthat ist das Werk der Christen von Ephesus, heisst es, welche damit bezwecken, Johannis Befreiung aus dem Exil zu erwirken. Mellitus, dem die Erzählung hier in den Mund gelegt wird, berichtet, wie wir bereits wissen, erst die Ereignisse nach Johannis Abschied von Pathmos; er meldet nur beiläufig, wie Domitian bald nach der Verbannung des Apostels getödtet worden sei, wodurch seine Urtheilsprüche nichtig wurden, und Johannes die Freiheit wiedererhielt. (Fabricius, Cod. apocr. T. III p. 604). Auch Prochorus[1] kennt jenen Hochverrath der ephesischen Bischöfe nicht, sondern meldet einfach, dass diese sich nach dem Tode des Kaisers bei'm römischen Senat für Johannes verwendet

---

[1] Vergl. Cap. XLV und XLVIII (Es sind auch hier Widersprüche und Unklarheiten, indem Johannes verschiedene Male nach Ephesus zurückzukehren scheint.)

hätten; er führt unter diesen zwei Jünger namhaft an, welche Thierri seinerseits als Hauptagitatoren bezeichnet:

(f⁰ 40 a)   Gajus
   Et l'eveskes Aristarchus.

Da nun, wie wir gesehen haben, die Erzählung des Franzosen trotz der etwas kindischen Darstellung nicht jeglicher historischen Wahrheit entbehrt, so müssen wir auf eine neue Quelle schliessen, welche der Dichter verschwiegen hätte. Diese Quelle kann aber seinen eigenen Kenntnissen entflossen sein, ohne dass er bei'm Niederschreiben dieser Verse eine direkte Vorlage benützte. Er kannte diese Anekdote aus der Geschichte und verwerthete sie hier zur Motivirung der Ereignisse.

DER DICHTER.

Thierri von Vaucouleurs, der sich als Verfasser des vorliegenden Johannes-Lebens nennt, scheint aus dem französischen Parnass verschollen zu sein; einen französischschreibenden Dichter dieses Namens habe ich nirgends erwähnt gefunden. Unsere Dichtung, welche allem Anschein nach wenig Verbreitung gefunden hat, hat ihm nicht zu dichterischem Ruhm verholfen, noch ihn, scheint's, zu neuen Schöpfungen angetrieben. Das wenige, was wir von ihm wissen, erfahren wir aus der Dedikation seiner Arbeit; es bezieht sich mehr auf das Kloster, dem er angehört zu haben scheint, als auf seine Persönlichkeit. Die betreffende Stelle, welche uns eine nur allzu mangelhafte Auskunft ertheilt, lautet also:

(f⁰ 2 d)   Et je, Tierris de Vaucoulour,
   A la loenge et a l'ounour
   De saint Jehan et del covent
   De saint Arnol, ki longuement
   M'ont entre aus honor et bien fait,
   L'ai del latin en romans trait.

Thierri von Vaucouleurs widmet also sein Werk aus Dankbarkeit dem h. Johannes und dem Arnulfskloster, welche ihn lange geehrt und behütet haben. Dieses Compliment richtet sich zweifellos zunächst und wesentlich an das berühmte und mächtige Kloster, über dessen Existenz uns der Dichter eingehendere Auskunft giebt, als über seine eigene. Diese Abtei St Arnoul und der h. Johannes, den Thierri ebenfalls als seinen Wohlthäter bezeichnet, treffen in diesen Zeilen nicht zufällig zusammen; denn dieser ist der ursprüngliche Schutzpatron der Kirche, welche später nach dem h. Arnulf benannt worden ist:[1]

(f° 2 c)   Et si wel raconter coment,
Quant s. Leus apostoles [i]ere.
Si ot cele englise chiere,
C'on non s. Jehan fu fondee,
C'ore est sains Arnols apelee.

Weiter zeigt sich unser Dichter mit der Gründungsgeschichte dieses Benediktinerklosters in Metz wohl vertraut:

(f° 1 a)   A Mes en ai trove la vie
En latin en une abaie,
Ki au son non fu consacree,[2]
Et de s. Patient fondee,
Ki ces deciples ot este.

Dieser h. Patiens, welcher als Heidenapostel gewirkt hatte und zuletzt Bischof von Metz geworden war:

(f° 1 a)   Si ne fina tant qu'a Mes vint
Et bonement l'aveschie tint,

gründete die Abtei[3], welche mit allerhand Vorrechten aus-

---

[1] vergl. *Annales ordinis s. Benedicti.* v. **Mabillon**, Paris 1703 B. I. p. 190: Das 'Monasterium s. Johannis, evangelistae, seu s. apostolorum', vom h. Patiens IV, Bischof von Metz, erbaut: 'haec basilica saeculo quinto ab Hunnis eversa fuit, sed paulo post restituta monachisque concessa demum s. Arnulfi corpore, istuc per Goěricum ejus successorem delato, ac nomine nobilitata est'. — Arnulf, der Stammvater der zweiten franz. Königsfamilie, war 614 Bischof von Metz.

[2] Des Johannes Namen.

[3] vergl. *Jahrbuch der Gesellschaft für lothr. Geschichte und Altertumskunde* B. I. p. 40 ff. (Krit. Bemerkungen zu den Urk. des Arnulfsklosters, v. Archivdirektor Dr. Wolfram) u. II p. 306 (Dr. Wichmann, Adalberos I. Schenkungsurkunde).

gestattet wurde. Wenn man nun die Bekanntschaft des
Dichters mit der Geschichte des Arnulfskloster und die Ausführlichkeit, mit der er sie wiedergiebt, bedenkt, so erklären sie
sich durch seinen längeren Aufenthalt daselbst; was aber
seine dortige Stellung anbetrifft, so deutet die theologische
Kenntnisse voraussetzende Einleitung des Gedichtes sowie der
Stoff selbst, dessen Bearbeitung das Verständniss der lateinischen Sprache benöthigte, daraufhin, dass er kein blosser
Schützling des Klosters, sondern selbst Geistlicher war. Was
für ein Amt er bekleidete, ob er einfacher Mönch war, oder
einen höheren Rang einnahm, darüber wissen wir nichts bestimmtes. Zu einer namhaften kirchlichen Würde scheint er
sich nicht aufgeschwungen zu haben, da er sonst nicht spurlos verschwunden wäre. Wenn er der Wohlthaten Erwähnung thut, welche ihm das Kloster erwiesen habe, so lässt
das eher auf eine bescheidene Lebensstellung schliessen;
auch scheint er die Ehre, die ihm dort zutheil wurde, eher
für eine Gnadengabe als für eine seiner Persönlichkeit gebührende Schuldigkeit zu halten. Die betreffenden Worte
klingen mehr wie der bescheidene Dank für die ihm erwiesene
Ehre seiner Aufnahme im Kloster. Seit jener Aufnahme
sind lange Jahre verflossen; doch ist nicht gesagt, dass in
den oben angeführten Versen die Vergangenheit in dem
Sinne zu betonen sei, die Zeiten, in denen der Poet die
Segnungen der Abtei genossen habe, seien vorüber; er mag
ihrer damals gar wohl noch theilhaftig gewesen sein. Nach
seinem Namen zu urtheilen ist Thierri aus Vaucouleurs gebürtig gewesen, einem aus der Geschichte Jeanne d'Arc's
bekannten Ort am linken Ufer der Meuse und auf der Grenze
von Lothringen und der Champagne, wozu es politisch abwechselnd gehört hat. Aus seiner lieblichen Heimat wird er
sich nach der Hauptstadt Metz begeben haben, wo er in das
Kloster St. Arnoul eintrat, um bei den dortigen Benediktinern
Wissenschaft und Litteratur zu pflegen. Was weiter aus ihm
wurde, verschweigt uns der tiefe Klosterfriede.

    Thierri, der zu Ehren seines Monasterium's und Schutzheiligen zum Dichter wird, ist kein sonderlich begabter Poet.
Er erzählt nicht aus Freude am Schönen, an klingenden

Reimen und schöngefügten Sätzen — das thun ja nicht viele
seiner Zeitgenossen —, aber auch nicht, um tiefe Gedanken
zum Ausdruck zu bringen; und doch macht sein Poëm Anspruch darauf, ein Lehrgedicht zu sein. Sein Gedicht ist an
die Ungelehrten gerichtet, die, des Latein unkundig, eine
unterhaltende Unterweisung zu schätzen wissen. Sein Geist
erhebt sich nicht über jene oberflächliche, fast heidnische
Religiosität, deren Glaube den Aberglauben streift und deren
Gottesdienst beinahe wieder zum Götzendienst zusammen-
schrumpft. Diesen Sinn wiederspiegeln freilich schon Thierri's
Vorlagen; bisweilen will mir aber auch scheinen, als ob der
Stoff, der im Original nie jeglicher Anmuth oder selbst geistiger
Tiefe bar ist, unter des Mönches schwerfälliger Hand farblos, ja kindisch werde. Sein Erzählertalent überragt nicht
seinen intellektuellen Standpunkt. Thierri hat das der klassischen
Prosa angepasste Satzgefüge seiner Quellen durch eine ganze
Reihe von Versen hindurchzuschlängeln verstanden, wodurch
die schon an sich breite Darstellung noch langwieriger scheint,
als sie es in Wirklichkeit ist. Was sonst lobenswerth wäre,
die Treue der Uebersetzung, berührt uns hier unangenehm,
da der Dichter Prosa und Poesie in einen Tigel wirft. Zur
letztern glaubt er einzig des Reimes zu bedürfen, den er
auch durchweg setzt. Genügt ihm also einerseits die Assonanz
nicht, so tändelt er andrerseits doch auch nicht mit Reim-
spielereien. Gelingt ihm hie und da ein klangvoller Vers,
so erscheint er nicht gesucht. So ist auch der reiche Reim
nicht angestrebt; ungemein häufig sind dagegen die Reime
von Homonymen, welche immer eine gewisse Gleichgültigkeit
des Dichters gegen den Wohlklang verrathen. Ueberhaupt
sind einzelne Reimarten (von Homonymen, eines Simplex mit
seinem Compositum etc.), welche — obgleich an sich nicht
wohlklingend — von spätern Verskünstlern bis zum Ueber-
mass erstrebt worden sind, hier eher zufällig und aus Mangel
an künstlerischen Absichten entstanden. Das Geheimniss der
schönen Form hat ihn wenig bekümmert, wie denn überhaupt
die Poesie seine Sache nicht ist. Dass er in der dichterischen
Composition, in Zusammenschweissen einzelner Berichte, oder
gar im Erfinden neuer Motive kein Meister ist, wissen wir

bereits zur Genüge; der Dichter hat eben seine Johannes-Legende nicht befriedigend zu bewältigen vermocht. Wenn wir weiter oben den Namen eines Thierri von Vaucouleurs als aus dem französischen Parnass verschollen bezeichnet haben, so hatten wir dabei eben die Dichtung in der Vulgärsprache im Sinn. In der That scheint die Existenz des Verfassers von unserm 'Conte dévot' selbst dem Gedächtniss seiner Landsleute entschwunden zu sein. Der Dichter und sein Werk sind vergessen. Anders verhält es sich mit einem lateinisch schreibenden Schriftsteller dieses Namens. Die *Histoire littéraire de la France* enthält im XIX. B. p. 355 ff. einen Artikel über einen nicht genauer bekannten, lateinischen Poeten, **Thierry de Vaucouleurs**, dem eine versifizirte Vita Urbani IV zugeschrieben wird.[1] Derselbe nennt seinen Gewährsmann ohne sich selbst im Verse zu verewigen:

Gregorius prosam fecit, versus ego, glossam
Qui volet apponat, sic mea musa sonat. (v. 19).

Nichtsdestoweniger scheint er als Autor gesichert und wird von Alters her als solcher genannt.[2] So wenig als seinen Namen oder seine Lebensverhältnisse verräth uns der Prolog zu seiner Vita etwas über etwaige frühere Arbeiten des Dichters; doch könnten die Schmähverse, in denen er gegen die Verkleinerer der Poesie eifert, den Glauben erwecken, als ob er selbst schon den Stachel einer absprechenden Kritik gefühlt hätte. Ihn tröstet aber das Bewusstsein, nicht ihr einziges Opfer zu sein:

Quis fuit aut quis erit venerabilis ille poeta,
Cujus non rodet carmina livor edax? (v. 25).

Somit hindert uns von vornherein nichts, an eine frühere

---

[1] Vergl. die Quellen betreffend: **Chevalier**, *Répertoire des sources historiques du moyen âge* p. 2199. — Ausgabe der Vita Urbani IV in: **Muratori** III, II, 405 ff.

[2] **Calmet**, *Bibl. lorraine* (1751) p. 919 — **Calmet**, *Notice de la Lorraine*, Art. Vaucouleurs — **Casimiri Oudini** *Commentarius de Scriptoribus ecclesiae antiquis* I. III p. 601. — **Fabrizius**, *Bibl. latina* I. V, liber XIX p. 229.

litterarische Bethätigung dieses Lateiners zu glauben, wenn andere Gründe uns eine solche Annahme nahelegen. Es liegt nun nahe nachzusehen, ob wir nicht im 'Johannes-Leben' solch ein früheres Werk des Theodoricus de Valliscolore, wie er genannt wird, zu erblicken haben; in welchem Falle wir statt den zwei Namensvettern nur mehr eine einzige Persönlichkeit haben würden. Auffallend ist die Uebereinstimmung ihres Namens an sich nicht sonderlich; sie wird es aber mehr, wenn wir gleiche Lebensumstände beider Poeten entdecken, wenn sie als eines Geistes Kinder erscheinen, wenn ihre Werke Aehnlichkeiten aufweisen, und wenn schliesslich die Zeit und der Ort, wo sie gelebt und gewirkt, übereinstimmen sollten.

Theodericus de Valliscolore, welcher Name seine Heimath anzukündigen scheint, unterhält uns nicht über seine privaten Lebensverhältnisse; das einzige, was wir von ihm in dem Prolog zu seiner 'Vita Urbani IV' vernehmen, ist, dass er die Prosa Gregor's, des Biographen jenes Papstes, in Verse setzen wolle, und zwar trotz den Angriffen seiner Verkleinerer, welche sich über seine Poesie lustig zu machen schienen; sein Werk aber widmet er dem Neffen jenes verblichenen Papstes, dem Cardinal Ancher Pantaléon.

Amaury Duval, der Verfasser jener Notiz in der *histoire littéraire*, macht hiezu folgende Bemerkung: Les louanges excessives données à un cardinal, neveu d'un pape qui n'était plus, font supposer que, même après la mort de son oncle, le cardinal Anchier avait conservé un assez grand crédit dans le sacré collège et que Thierry de Vaucouleurs, qui probablement était moine ou prêtre, en attendait des faveurs.

Ueber die Natur dieser Gunsterweisungen weiss Duval nichts zu sagen; das ist es auch nicht, worauf es hier zumeist ankommt: Uns interessirt hier vielmehr die Andeutung, Thierry sei Mönch oder Priester gewesen. Dem geistlichen Stande, dem ja, wie ich gezeigt habe, auch der Verfasser unserer Johanneslegende angehört haben wird, entspricht seine Stoffwahl, welche einen gebildeten Kleriker voraussetzt. Beide Werke haben ausserdem das gemein, dass sie eine Versifizirung einer lateinischen Prosavorlage sind, deren Text an sich schon eine Schmeichelei bedeutet für des Dichters jeweiligen Wohlthäter, dem es auch gewidmet ist. Genaueres über seine Stellung und seinen Wirkungskreis lässt sich nicht mit Bestimmtheit ermitteln; was den letztern betrifft, so scheint es nicht unberechtigt, ihn in der Champagne zu suchen, ja man könnte geneigt sein, Troyes selbst als den Entstehungsort der Vita zu bezeichnen; denn dort stand das Geburtshaus des Papstes, den sie feiern wollte, dort auch die S. Urbanskirche, welche jener seiner Vaterstadt geschenkt hatte und deren Erbauung Theodericus berichtet. Was endlich des Lateiners Stil angeht, so weiss Duval nicht viel rühmliches davon zu sagen: Theodericus' Werk, obwohl in Versen verfasst, sei in Wirklichkeit blosse Geschichte, trocken und farblos, in zeitlicher Reihenfolge der Ereignisse und im Chronikstil gehalten; er schreibe eher als Theologe, denn als Poet, 'il n'a rien senti de tout ce qu'un tel sujet offre à l'imagination'. Scheinen diese Worte nicht eigens für unser Johannes-Leben bestimmt?

Diese unerfreulichen Bemerkungen über Theodorich's Schreibweise, die analoge Stoffwahl und die theologisch gehaltene Ausführung der Dichtung plaidiren zweifellos für die Identität beider schriftstellernden Thierri's. Was nun die Ortsfrage angeht, so sei darauf hingewiesen, dass die Handlung beide Male von Gegenden ausgeht, welche im Osten Frankreichs nicht allzufern von einander liegen und in deren Mitte Thierri's muthmassliche Heimath, Vaucouleurs, liegt. Schliesslich sei noch untersucht, ob der wichtigste Faktor, nämlich die Entstehungszeit beider Werke, eine Annäherung ihrer Urheber gestattet; Duval setzt die poetische Vita Urbani in das Jahr 1265, das heisst in das Jahr, welches auf des Papstes Todesjahr folgte. Unsere Johannes-Legende aber gehört, wie wir aus der Sprachuntersuchung sehen werden, dem zweiten Viertel des XIII. Jahrhunderts an. Wenn nun auch durch diese Datirung ein ganzes Menschenalter zwischen die Abfassungszeit beider Gedichte zu liegen kommt, so ist die Kluft doch nicht weit genug uns zu zwingen, den Gedanken an die Identität des Autor's fahren zu lassen; um das Johannes-Leben und die Vita Urbani der gleichen Persönlichkeit zuschreiben zu können, brauchen wir nur ersteres als ein Erstlings- und Jugendwerk, letztere aber als eine Arbeit des Alters zu bezeichnen. Der Mönch, der sich in seinen jungen Jahren seiner Muttersprache bedient hatte, um dem Laien verständlich und den Frauen sogar gefällig zu sein, schliesst sich später von der Welt ab, einzig nach der Palme kirchlichen Dichterruhmes trachtend und prunkend mit seiner Kenntniss der Grammatica. Seine lateinischen Verse verrathen die Leidenschaftslosigkeit des Alter's, wie er denn selber sagt:

> Nasonis mores sequor hic fugiendo colores,
> Ut sit nostra brevis fictio, vera, levis. (v. 15).

Die Annahme von Identität beider Autoren scheint somit keine erheblichen Widersprüche in sich zu bergen. Thierri von Vaucouleurs hat in diesem Fall früher oder später Metz verlassen, um sich in der Hauptstadt der Champagne niederzulassen. Vielleicht ist unter diesen Umständen der bewusste Vers (f⁰ 2 d):

> ki longuement
> M'ont entre aus honor et bien fait,

doch so auszulegen, dass der Dichter, als er die Dedikation seiner Dichtung an das Arnulfskloster schrieb, dasselbe bereits verlassen hatte.

Im Falle aber Thierri von Vaucouleurs und Theodericus de Valliscolore doch nicht ein Leben sein sollten, so bleiben sie doch sicherlich eines Geistes und einer Seele.

BEMERKUNGEN ZUR GRAMMATIK DER JOHANNES-LEGENDE.

I. ZUR LAUTLEHRE.

A. DIE VOKALE.

Die betonten Vokale.

1. A — Freies haupttoniges lat. a wird in unserm Text zu *e* oder zu *e* mit *i*-Nachklang; jedoch kommt letzterer Fall seltener vor und beschränkt sich auf einzelne Endungen und Suffixe.

lat.-are = *er* ohne Ausnahme, — -atum,-atem = *e* und *ei* : *trinitei* 1 c,[1] *dignetei* 2 d, *citei* : *gete* 3 a, *debonairete* : *crualtei* 5 d, *devisei* : *suscite* 28 b, *plorei* : *reclamei* 29 d; — -ata = *ee* u. *eie* : *consacree* : *fondee* 1 a, *portee* : *coronee* 1 b, *finee* : *croleie* 8 d; *deviseies* : *donees* 1 d, — andere Endungen (-atis,-arunt,-ator) kommen ausschliesslich mit *e* vor.

Dieses *ei* für centralfranzösisches *e* ist nach Apfelstedt (Lothringer Psalter p. VIII) ein Merkmal des Ostens; in der That zeigen es in mehr oder minder ausgedehnter Weise die literarhistorischen und dialektischen Denkmäler Lothringens[2], des Wallonischen[3], der östlichen Picardie[4]

---

[1] Die Beispiele werden mit der Folio-Nummer und der Kolonne, in der sie sich befinden, angeführt. Die Kolonnen sind mit den Buchstaben: a b c d bezeichnet. Die Beispiele aber, welche in der Textprobe zu finden sind, sind mit der Nummer des Abschnittes (I, II) und der Angabe des Verses versehen.

[2] Max Kesselring, die betonten Vocale im Altlothringischen Hallenser Dissertation 1890. pag. 24 ff.

[3] Cloetta, poème moral. pag. 43.

[4] Neumann, zur Laut- und Flexionslehre des Altfranzösischen. p. 15 ff.

und vorzüglich die Mundarten des Süd-Ostens, die Freigrafschaft[1] und Burgund.[2] Der *i*-Nachklang, der in unserm Text sich nur an freie Vokale hängt, lässt sich nicht durch Reime sichern; die Willkür im Gebrauch desselben beruht wohl auf mangelhaftes Verständniss dieser Erscheinung seitens des Kopisten; das Original wird diesen *i*-Nachklang in ausgedehnterm Masse gesetzt haben; er hat sich in den heutigen Patois des Ostens (Lothringen) erhalten, wo er in offener Silbe bei deutlichem Sprechen noch zu hören ist. (Horning, Grenzdialekte. p. 7. — This, die Mundart der französischen Ortschaften des Kantons Falkenberg. p. 10. — Zéliqzon, lothr. Mundarten. p. 9).

2. Die Endung Palatal + ata ergiebt, ähnlich dem später zu erwähnenden *ę* + *e*, im ganzen Osten, und so auch hier, die Form -*ie* mit dem Ton auf dem *i*.[3] Die Reime beweisen es zur Genüge: *rie* : *empirie* (Part. Perf. v. *empirier*) 1 b, *lignie* : *vie* 2 b, *lassie* : *vie* II, 40, *felonie* : *conmencie* 4 d, *finie* : *comencie* 24 a, *masnie* : *baptizie* 28 d, *prie* : *agenollie* 29 a, *sorhaucie* : *ennoblie* 40 a, etc.

3. Was sonst das *a* betrifft, bei dem die Bedingungen zum Eintreten des sog. Bartsch'schen Gesetzes erfüllt sind, so finden wir durchgehend den Diphthong *ie*, und die Reime sind rein. Auffallend ist daher der Reim *prisir* : *desir* 17 b, wo der Diphthong *ie* schon zu *i* vereinfacht gewesen sein muss. Solche Formen, die auch schon vereinzelt im 'Poème moral' vorkommen, erklärt Cloetta (p. 44) durch die stark fallende Betonung dieses *ie*, wobei der unbetonte Theil des Doppellautes allmählich gänzlich vernachlässigt worden sei. Dieser Wandel von Palatal + lat. a zu *ie* und *i* wäre un-

---

[1] Foerster, Lyoner Izopet. p. XXVI.
[2] Goerlich, Der burgundische Dialekt im XIII. u. XIV. Jahrhundert. p. 141.
[3] Was die Entstehung des nord- und ostfr. *ie* durch Reduktion des Triphthongs *iei-e* aus - i a t a anbetrifft, s. Horning, Grenzdialekte § 13, dessen Ansicht mir glaubwürdiger scheint, als diejenige, welche *ie* durch Zurückziehung des Tones von *iẹ́* auf *íẹ* erklärt. Vgl. aber auch: Meyer-Lübke, Gram. I § 267.

natürlich; denn dass lat. a unter Einfluss eines vorhergehenden Palatals im Osten nicht zu einem Diphthong geworden sei, dessen Hauptbestandtheil immer noch das *e* blieb (wie *a* zu *e*, so wurde Palatal + *a* durch Entstehung des halbvokalischen Gleitlauts *i* zu *ié*), ist nicht anzunehmen; dass aber aus einem steigenden Diphthong *ié* durch Zurückziehen des Tones auf das minder sonansfähige *i* der fallende Diphthong *ie* entstanden sei, widerspricht der sonstigen lautlichen Entwicklung. Ich möchte daher lieber den vorliegenden Lautwandel durch progressive Assimilation *(ié : ii : i)* und in der Weise erklären, wie Horning (Zeitschrift XI p. 411) den Wandel von pĕdem : *pié : piĕ : pi* erläutert. Beide Erscheinungen, der Wandel von lat. freiem ĕ : *ie : i* und von Palatat + lat. a zu *i*, haben ohnedies die gleiche Heimath und kommen eine ohne die andere nicht vor. In den heutigen lothringer Patois ist der steigende Diphthong *(yoe)* zum Theil, im Metzischen nämlich, erhalten, während ihn andere Ortschaften zu *i* vereinfacht haben (Horning, a. a. O. p. 10 — Zéliqzon, a. a. O. p. 11).

4. a + l wird theils zu *-el*, theils bleibt *-al*; ersterer Wandel bezeichnet der Form mit *-al* gegenüber die lautgesetzliche Entwicklung, während diese weniger volksthümliche Bildungen kennzeichnet:[1] *tel* 1 d, *mortel* II 36, — *loial* 10 c, *pal* (lat. palus) 5 d[2] etc. — *mal* kommt nur in dieser Form vor. Die halbgelehrte Form *-aul*, aus *-al* mit vor *l* entwickeltem *u* entstanden, welche in Burgund und der Freigrafschaft häufig ist, kennt unser Text nicht, wie sie auch dem Lothringischen des XIII. Jahrhunderts fremd zu sein scheint (Kesselring p. 24 ff.)

5. a + freiem Nasal wird zu *ai* und reimt mit dem Ergebniss von ę + Nasal, das meist *ai* geschrieben wird. *Diaine* : *maine* 10 c, *Dyaine* : *paine* 6 d, 9 b, *romaine* : *peine* 5 d; wenn *saine* : *Druciaine* 41 a und *Drusciaine* : *crestiene* 40 d reine Reime sind, — was annehmbar ist, da *Drusciaine* und

---
[1] vergl. Nathan Nathan, das lat. Suffix -alis im Französischen. Strassburger-Dissertation. 1886. p. 37 ff. (für *pal* s. p. 10).
[2] *Lors prent un pal li aversaire(s) De quoi on sioul la bresc traire* 5 d.

cresti|aine als gelehrte Bildungen betrachtet -*ai* haben können, — dann bleibt der Reim *crestiene* : *paiene* 16 d auffällig, da letzteres doch -*iene* mit erweichtem Palatal haben muss. — Der Reim *regne* (lat. regnum) : *plaine* (lat. plena) 44 a endlich deutet auf eine im Pikardischen und Ostfranzösischen belegte Attraktion des *i* an das *n* und Mouillirung desselben (Neumann, a. a. O. pag. 49).

6. Gedecktes haupttoniges a bleibt *a*, selbst im Suffix -aticum : *servage* 40 b, *outrage* : *sage* 3 a, *parage* : *sage* 19 a.

Vorton. *pertimes* I 67 und *perla* 44 c, welche sich vereinzelt neben Formen mit *a (partimes* I 324, *parler* I 270 etc.) finden, sind im Centralfranzösischen nicht unbekannt. (Foerster, Cligés-Einleitung p. LV). So ist auch lautgesetzlich zwar berechtigtes *per*, das aber sonst zu ˙ *par* wird, in Zusammensetzungen oft geblieben : *perchemin* 36 b, *permi* 38 d, *perdon* 43 b. — ich löse desshalb in diesen Fällen *p* mit *per* auf, während ich *ple, ptirons* 19 a etc. mit *par* auflöse, ähnlich dem alleinstehenden *p*, wofür ausgeschrieben meist *par* steht neben seltenem *per* I 90, I 97.[1]

Was nun gedecktes *a* betrifft, so hat der Südosten, Lothringen und der Osten des Wallonischen (Lüttich im Gegensatz zu Namur) dafür — besonders im Suffix-aticum- den Diphthong *ai*, der aber schon im XIV. Jahrhundert zu *ei* u. *e* wird.[2] Die modernen Mundarten haben in den entsprechenden Fällen *e*. Das schliesst, wenn man vom Einfluss der Schriftsprache absehen will, für die Enstehung unseres Denkmals den eigentlichen Osten aus, im günstigsten Fall allerdings für den Kopisten allein.

7. -ab'l ist = -*abl* geschrieben; das östliche und südöstliche -*aul* kommt nicht vor. Wir haben es hier wieder mit französischem Einfluss zu thun; diese Form ist auch im Lothringer Psalter des XIV. Jahrhunderts die häufigere (Apfel-

---

[1] Vielleicht wäre überall *per* aufzulösen für Lothringen doch das Richtige? Die abweichenden Formen wären dann dem Einfluss des Centralfranzösischen oder dem Kopisten zuzuschreiben?

[2] Bonnardot, i. études romanes dédiées à G. Paris p. 339.

stedt § 17), doch muss — worauf auch die Schreibung *-avle* (Kesselring p. 24 ff.) in lothringischen Texten des XIII. Jahrhunderts schliessen lässt — das *b* gar nicht oder doch sehr schwach ausgesprochen worden sein: *diables* : *males* 21 a, *diable* : *pale* 42 a, *diable* : *espoentable* 29 c.

8. Aqua = *aigue* 1 c, 4 d, 11 d, 28 a und einmal: *eve* 5 a. Nach Goerlich (a. a. O. p. 33) ist *aigue* die Form für den Süd-Osten (Burgund und Franche Comté —), während *eaue* und *iaue* Lothringen und der Champagne angehören; auch *ere* kommt im *Vegez* (Freigrafschaft) vor. In Lothringen fand auch Kesselring (a. a. O. p. 14 ff) *avve*. Im Wallonischen verzeichnet Cloetta wiederum *aiwe* (= aigue). *Eve* ist die alte lautgesetzlich entwickelte Form von lat. aqua, *aigue* dagegen und *aiwe* (nach Horning aus lat. *acqua) die dialektische Form des Osten, während *eaue* und *iaue* der Champagne und Lothringen angehören, woher sie in die Schriftsprache eingedrungen sind.

9. Für den lautgesetzlich aus a + erweichtem Palatal entstandenen Diphthong *ai* steht öfters bloss *a* geschrieben: *jamas* 1 301, 1. sg. *renoiera* : *laira* II 37, *lasse* II 65, *contraire* : *fare* II 97, *retrare* 1 b, *fas* 1 b, *retrare* : *traire* 2 a, *fas* 13 c, *plare* : *faire* 41 d, *brat* : *detrat* 6 d, *trait* : *brait* 22 d, 1. sg. *quida* : *trovai* 23 b, — und nebentonig: *lassa* 1 c, *apasie* 40 b, *fasoit* 41 a, *plasir* I 182, *basie* I 280; — Diese Schreibweise mit *a* liesse auf eine ausschliessliche Betonung des ersten, *a*-Bestandtheiles des Diphthongs *ai* schliessen, wobei das *i* nur bei deutlichem Sprechen hörbar gewesen wäre; dagegen aber spricht, trotz der Form *mastre* 12 c, der Reim *maistres* : *pestres* (lat. presbyter) 44 c, dessen Reimvokal nur *e* sein kann. Eine Betonung a^i ist daher dem Dichter wohl fremd gewesen. Nach Foerster (Schwertritter p. XXXII ff) gehört der mundartliche Zug von *a* für sonstiges *ai* der Pikardie ursprünglich an und hat sich von hier aus bis in den Südosten hinab erstreckt; während eine zweite, umgekehrte Erscheinung, das Anhängen eines dialektischen *i* an *a* (bes. im Auslaut), dem Süd-Osten eignet, und sich von Burgund gen Norden erstreckt hat. Unser Text zeigt

die letztere Erscheinung nur in sehr beschränkter Weise an einzelnen Partikeln: *lai* I, 20 etc.

10. a + m oder n in urspr. oder sekund. Position ergiebt nasales *ã* und reimt mit *ẽ* aus und e + ged. Nasal: *enfance*: *patience* 3a, *occident* : *atendent* 3 c, *Jehan* : *vat en* 5 d, — *ame* : *dame* 1 a, *dame* : *feme* 2 b, nur bei der Annahme eines nasalirten *a* lässt sich die Graphie *eme* (= anima) 25 a erklären. Für a n + Palatal findet sich nasalirtes *ui*, dem Goerlich (a. a. O. p. 29) diphthongischen Werth zuschreibt; der moderne Dialekt zeigt dafür nasalirtes *e*: *mai[n]gier* 13 a neben *manjoient* 29 c. — *estrainge* 28 a, wo Kesselring *a* + *ing* für *a* + mouillirtes *n* ansieht, hat ebenfalls den Diphthong *ai*, der später zu *e* geworden ist (This p. 13). Auch dieses *ai* für *a* hat sich vom Süd-Osten aus verbreitet.

11. F_i — Ueber den Wandel von freiem ę zu *ie* ist nichts besonderes zu bemerken; Nichtdiphtongirung des ę kommt nicht vor; ob auch vereinzelt in den Formen des Imperfekts von *estre* nur *ere* etc. geschrieben steht, so ist das eine Vernachlässigung des Kopisten, da die Reime — welche *e* und *ie* streng auseinander halten — stets *ie* lehren.

Lat. deus ist *deus* geschrieben, diese Form verlangen auch die Reime *deus* : *eus* (illos) 11 b, 11 c, *deu* : *veu* (votum) 18; — nur scheinbar gehört hierher *deu* : *leu* (locum) 2 d, 37 c, etc., da, wie wir noch sehen werden, *leu* wahrscheinlich Eigenthum des Kopisten ist, während der Dichter, soviel aus den Reimen zu ersehen ist, die Formen *lou, liu, lui* gebrauchte (vergl. § 24); demnach wird obiger Reim urspr. *diu* : *liu* gelautet haben. Unser Text kennt somit die beiden Formen *deus* und *dius*, welche dem östlichen und nordöstlichen Frankreich angehören.

Lat. ŭ + nachtoniges a ist wie Palatal + ata (siehe unter § 2), zu *ie* geworden, welche Form dem ganzen Osten angehört (z. B. *llement* = lactamente I 231).

12. ę + nj (u. ę + nj) wird zum Nasalvokal *ẽ* + mouillirt. n; das lehren Reime wie: *vengne* (l. veniat) : *remagne* (l. remaneat) 30 c, *magne* (maneat): *sorpregne* 31 a, *vagne* : *prengne* 13 c. Verschiedene Graphie zeigen *tiegne* : *mainteigne* 2 a, etc. — *vigne* (l. veniam) 26 b gehört dem pikardischen Schreiber an.

13. Das Suffix -eriu (-eria) ergiebt zunächst, wie im Centralfranzösischen -ier : *mestier* 29 c, *mostier* 18 c, -dann -er : *matere* : *mere* 32 d, 9 c; -oder -ir : *matire* : *dire* 2 d. Während die Formen mit -ier das Resultat einer centralfranzösischen Entwicklung vorliegenden Suffixes ist, kann man die Form mit -ere als gelehrte, -ire aber als die dem Osten eigenthümliche Bildung betrachten.[1]

14. Gedecktes ę bleibt im allgemeinen erhalten. Zu beachten ist hier das Suffix-ellus (obl.-ellum): Die Obliquus-Form lautet bekannter und regelmässiger Weise -el (z. B. bellum = *bel)*, wie auch das entsprechende weibliche Suffix -ella — -ele (novella = *novele)* lautet; -ellu ÷ flexivisches s aber giebt in unserm Text -ials, -iaus : *noviaus* 35 d, *jevencials* : *bials* 44 a, *chastiaus* I 134; — so geht auch bellus : *biaus* I 75, *biax* I 295.

-ellum = -el ist die lautgesetzlich entwickelte Form, die im Osten nur Lothringen kennt, während der Südosten häufiger allerdings -el, aber auch -eal (-eaul) und -ial (-iaul) hat (Goerlich, Burg. Dialekt p. 50); letztere Formen, welche zunächst vor consonantisch anlautenden Wörtern und unter Einfluss der Nominativ-Form entstanden sein mögen, gehören endlich vorzüglich dem Wallonischen und Picardischen an, wo sie ausschliesslich vorkommen. Ausnahmsweise hat unser Text *biau* II 90, und *biau fils* I 191 als Anrede im Plural: übrigens sind im letztern Fall die Casusverhältnisse nicht beobachtet, was auf einen Fehler des Kopisten deuten lässt, da der Dichter die Casus-Regeln sonst genau beobachtet und in der Funktion des Vocativs durchgehend den Nominativ setzt.

Was nun -ellus betrifft, so hat das Lothringische das *l* fallen lassen, was -es ergiebt, und womit auch der moderne Dialekt mit seinem ë̯ stimmt (This p. 16). Die oben angeführten Formen auf -iaus mit vokalisirtem *l* deuten in unserm Text auf einen pikardischen Kopisten.

---

[1] Vergl. Meyer-Lübke, Gramm. I § 154 p. 150, wo -*ire*. -*ier*, -*ere* als zeitlich (nicht dialektisch) geschiedene Entwicklungen betrachtet werden.

15. ę + gedeckter Nasal ist wie ę + ged. Nasal zu nasalem ā geworden und reimt mit an + Consonant: *plante* (l. plēnitatem): *chante* 11 d, *tans* (tempus): *ans* (annus) 7 d, *feme*: *dame* 2 b; — auffällig ist *fame*: *baptame* 18 b, wobei das *a* in *baptame* sich durch die Entstehung eines Nasalvokals erklären lässt. Oder ist vielleicht *fame* mit oralem *a* gemeint und das *e* in *batesme* unter Einfluss des labialen Nasals zu *a* geworden? Jenes nasale *a (ā)* scheint sich in *esponde*[1] 1 b und nebentonig in *dongier* 35 c zu nasalem o *(ō)* weiter enfwickelt zu haben. Beispiele dieses dialektischen Wandels zeigt der 'Lyoner Yzopet' (p. XXXI); ähnliches bietet die Erscheinung, dass in den modernen lothringer Patois (ausser in Metz) an + Cons. von en + Cons. wieder getrennt ist, indem an + Cons. zu *ā* und en + Cons. zu ǫ (ō) geworden ist (Siehe darüber: Horning. Zeitschrift XI p. 542 ff). In unserm Text fallen aber, wie gesagt, beide Gruppen zusammen; das traf nun (im Gegensatz zu den heutigen Patois, wo die eine Zeitlang vereinigten Gruppen wieder getrennte Wege eingeschlagen zu haben scheinen) für den lothringischen Dialekt des XIII. Jahrhunderts wie für den Södosten zu; während es wiederum die Herkunft unseres Textes aus der Pikardie und dem Wallonischen von vornherein ausschliesst.

16. ę + i giebt in unserm Text *i*: *mienuit* 3 d, *pis* (l. pectus) 1 b, *permi* I 217, *avangile* I 54, *englise* II 170, etc. Dieser centralfranzösischen Form steht in Lüttich,[2] Lothringen und den süd-östlichen Dialekten die Form *ei* als einheimisch gegenüber.[3] Vielleicht unter dem Einfluss der Schriftsprache hat aber auch der moderne metzische Dialekt in diesem Fall *i* aus ę + i, im Gegensatz zu den übrigen lothringischen Dialekten, welche *ę (ei)* aufweisen (Horning, Grenzdialekte p. 21 — This p. 15 — Zéliqzon, p. 14). Dieser Zug mag der Metzer Sprache, die ohnehin durch den Verkehr in der

---

[1] *Or est bien drois que je esponde Con grans fut la groce seconde* 1 b.

[2] Wilmotte, Romania XVII p. 122.

[3] In Betreff der Entstehung des *ei* vergl. Horning's Ansicht, Zeitschrift XIV p. 376 ff.

blühenden Stadt an Reinheit verlor, schon früh eigen gewesen sein, so dass dieser Punkt wenigstens der Entstehung unseres Gedichtes in Metz selbst nicht entgegen ist.

vl. prĕco giebt in unserm Text *proi* und *pri*, beides durch den Reim gesichert: *pri* : *merci* 31 b, *prie* : *agenollie* 29 a, *prie* : *vie* 11 b, — *proi* : *foi* 29 b, *deproi* : *effroi* 34 b, *proi* : *oi* 29 a, *proi* : *croi*, *proie* : *otroie* 19 d, — und so andere stammbetonte Formen mit *i* oder *oi*. Die Formen mit *i* sind natürlich hier die lautgesetzlichen, während *oi* aus den endungsbetonten Formen herübergenommen ist; umgekehrt sind *priere* 3 a, I 172 und ähnliche Bildungen analogisch nach denjenigen Formen gebildet, in denen ę + i den Hauptton trägt.

sequere ergiebt Formen mit *ui* und *iv (iu)*,[1] doch keine mit erhaltenem Palatal: *ensuir* 42 a, *suient* 3 a; *suioient* 27 a, *suies* 30 c; — *sivoient* 1 d, 26 b, *sivi* 25 c, *sivimes* 37 a, *sivoient* 42 a; — also entweder der Diphthong *ui* mit Schwund des Labial wie des Palatal, oder *i* (aus dem Triphthong *iei* entstanden) mit erhaltenem Labial. Nach Apfelstedt ist in *suir* (Lothr. Ps. 30) ę vor folgendem Labial zu *u* geworden; eher ist vielleicht das vokalisirte *v* nach *i* durch Umstellung beider Bestandtheile des Diphthongs zu *ui* geworden. Goerlich nimmt die Formen mit geschwundenem Palatal für die Isle-de-France, den Nordosten und Nordwesten in Anspruch, während er Formen mit erhaltenem Palatal dem Südosten und Südwesten zuspricht. Lothringen gehört zur Nördlichen Gruppe, auch der *Lyoner Yzopet* (p. XLI) hat neben Formen mit *g* auch solche ohne *g* : *sivre*, *suit*.

17. E — lat. freies ę wird in unserm Text in volksthümlichen Bildungen zu *oi*. Reduktion des *oi* zu *o* verlangt der Reim *avoit* : *ot* (Perf.) 22 d,[2] -*i* für *oi* haben (nicht im Reim) die beiden Infinitive: *cheir* (2 silbig) und *veir* 42 a; hierher gehört auch das betonte Personalpronomen *mi* für sonstiges *moi*, welches im Reim mit *i* vorkommt: *mi* : *entendi* 26 b, *mi* : *li* I 255. Letztere Formen sind, wie Apfelstedt

---
[1] Der Schreiber kennzeichnet das *i* in zweideutigen Fällen durch einen Haarstrich. Intervokalisches *u* ist wohl consonantisch (*v*) gemeint.
[2] *Lors les comensa a huchier, Andous, celui ki ocis l'ot Et celui qu'il ocis aroit* 22 d

(§ 31) schon richtig sagt, nicht speziell pikardisch, sondern kommen vielfach im Lothringischen, ja selbst in metzischen Texten vor.[1]

Umgekehrt kommt in der Pikardie *moi* etc. ebenso häufig vor als *mi;* das 'Poème moral' (p. 58) kennt nur *moi*, etc. Man darf also die besprochenen Formen mit dem gleichen Recht lothringische nennen, wie man sie früher pikardische nannte. Allerdings scheinen sie sich, nach dem Lautstand der heutigen Lothringer Patois, auf die Gegend nördlich von Metz zu beschränken. (Zéliqzou, lothr. Mundarten p. 16).

18. Freies ę + Nasal giebt *ei* (meist *ai* geschrieben); ob auch nach Labial die Schreibung *oi* vorkommt, so lehren doch die Reime durchgehend *ei:mains* (l. minus): *certains* I 245, *paine : soveraine* 3 c, *paine : Dyaine* 6 d; — Graphie mit *oi* : *poine : demoine* 19 c etc., *moins* 36 a, etc.

Jene Weiterentwicklung von Labial + ę + freies n zu *oi* ist dem Osten angehörig; der Südosten hat sie fast ausschliesslich durchgeführt; Lothringen, wo noch der 'Lothringer Psalter' Formen wie *mainre*, etc. (§ 33) kennt, zeigt ebenfalls den Unterschied von urspr. ę + n nach Nichtlabial oder Labial in seinen heutigen Patois (Horning, Grenzdialekte p. 34 ff.); während der Nordosten diesem Wandel ferner steht. Dieser ist wahrscheinlich von Burgund ausgegangen und wird um die Wende des XII./XIII. Jahrhunderts in Lothringen noch nicht allgemein durchgeführt gewesen sein. Unser Text nähert sich in dieser Hinsicht den Formen der Champagne, (Foerster, Cligés § 14).

19. Gedecktes lat. ę ist *e* geblieben. Ueberhaupt sind in Bezug auf die Behandlung des geschlossenen lat. ę in unserm Texte keine weitern, von der centralfranzösischen Entwicklung dieses Vokals abweichenden Formen zu erwähnen.

20. Ǫ — Freies lat. ǫ diphthongirt im allgemeinen zu *ue*, wofür auch — wenngleich selten — *eu* steht: *pues* (potes) 11 a, *duel* I 210, 30 a, *fuer* (l. forum) : *cuer* 32 c, *lues* (l. loco) :

---

[1] Vergl. Suchier, Auc. et. Nicol. p. 70, wo Formen wie: *mi*, *chair*, *veir* auch als Lohe rains-Reimwörter nachgewiesen werden.

wes 35 c, *wet* : *estuet* 43 c, *awec* I 241 ; — *wes* : *peus* 28 c ; — populus: *peuples* 11 c.

Was opera betrifft, so kommt es in verschiedenen Formen vor: *uevre* I 65, *oevre* II 171, — *ovre* 1 b, 1 d, *ouvres* 2 a. Der Reim lehrt Diphthongirung: *trueve* : *ovre* 10 a. Die Betonung des Diphthongs *ue* (gleichbedeutend mit *oe)* ist in Lothringen und dem Südosten wahrscheinlich steigend; dieser Ansicht ist wenigstens Goerlich, der sie auch begründet (a. a. O. p. 79); Apfelstedt behauptet sie für das Lothringische (§ 40); endlich verlangen auch die heutigen Patois einen steigenden Diphthongen (Horning a. a. O. p. 42 § 80).

Ovre (ouvre) gehört nun kaum hierher, rührt auch nicht vom Dichter selbst, sondern von einem Kopisten her, welcher mehr im Norden zu Hause war; es ist entweder eine undiphthongirte Form, oder aber der fallende Diphthong den Cloetta für einen Theil des Ostens (das Wallonische etc.) in Anspruch nimmt, und der, zum Monophthong reduzirt, *ou* (geschr. *u* od. *o)* lautet. (s. a. a. O. p. 64).

21. o + u: — locus etc. ergiebt verschiedenes: -*iu* in *lius* 10 c, I 100, *liu* I 317 ; -*ui* in *lui* (Pron.): *lui* 1 a, *luis* 2 c; -*eu* in *leu* : *deu* 2 d, *leus* : *leus* (lupos) 3 a, *leus* : *delicieus* 44 b, *feu* : *leu* 5 d, 6 a. Reime wie *leus* : *delicieus* stimmen aber nicht zur Sprache unseres Dichters, bei dem Suff.-osus = *ous* lautet (vergl. § 24) ; es ist somit *lous* : *delicious* zu ändern. Wenn nun hier die ältere Form *lous* gesichert ist, so wird der Originaltext kaum daneben *leus* gekannt haben; auch *fou* : *lou* ist am Platze; was *leu* : *deu* betrifft, wo *eu* scheinbar fest ist, so lässt es sich in *liu* : *diu* umsetzen (vergl. § 11). Der Dichter kannte demnach die 3 Formen *lou, liu, lui*; für älteres *lou* setzte der Kopist das weiterentwickelte *leu*; neben diesem *lou (leu)* geht her und ist im ganzen Osten gebräuchlich die Form *liu*, welche sich in unserm Text, wie auch anderswo, bisweilen in *lui* verkehrt.

paucum: lautet *pou* 29 a und *poi* : *oi* 11 d; *pou* ist die speciell süd-östliche Form (Champagne *po); im 'Poème moral' kommen *poi* und *pou* vor; *poi* ist centralfranzösisch.

oculus: *iox* I 53, *ious* I 167 ; — *ieux* : *dex* 41 b; —

Letzterer Reim ist unhaltbar; es ist zu setzen: *eux* : *dex*.
— *ious* gehört dem Nordosten an. — *avugles* I 144 ist pikardisch.

22. ǫ + i hat zweierlei ergeben, *oi* und *ui*, welche Formen promiscue vorzukommen scheinen: *puis* (postius) 3 a, 5 d, *anui* : *lui* 29 a; — auch vortonig: *wisous* I 3; — *angoisse* : *puisse* 13 b (wo sowohl *anguisse* als *poisse* ursprünglich sein kann. Für *anguisse*. s. Foerster, Schwertritter p. XL ff), — *anoi* : *roi* 12 d; — endlich kommt *oile* nur in dieser östlichen Form vor: *oile* II 136 II 181; — und ohne epenthetisches *i* : *ole* II 188.

Dieser Diphthong *oi* für sonstiges *ui* gehört dem Osten, speciell Lothringen und seinen nördlichen Nachbarn an; in den gleichen Gegenden findet man aber auch die *ui*-Entwicklung, so dass beide sich gegenseitig wohl zu dulden scheinen.

23. Gedecktes ǫ, das erhalten ist, ist haupttonig mit *o*, nebentonig und im Hiat auch *ou* geschrieben; *o* ist zweifellos die ältere, dem Dichter zuzuschreibende Graphie: *morir* 1 c, *voloir* 2 c, *dolor* 11 c, *oïr* I 234, *loerent* I 116; — *louames* I 325, *foues* (fódere) I 274, etc.

24. Ǫ — lat. freies ǫ ergiebt, wie im ganzen Osten, *o* oder *ou*, wobei letztere Graphie die spätere Lautstufe repräsentirt. Der Wandel von *o* zu *ou* gehört — wie's Goerlich (a. a. O. p. 89) für den burgundischen Dialekt nachweist — erst in die zweite Hälfte des XIII. Jahrhunderts; was natürlich nicht ausschliesst, dass einzelne Formen mit *ou* schon früher vorkommen, während blosses *o* sich neben der neuen Graphie noch im XIV. Jahrhundert findet. Da nun die Darstellung der Laute dem wirklichen Stand ihrer Entwicklung stets konservativ gegenüber steht, so wird wohl schon bei Anfang des Säculums, trotz der damals noch üblichen Schreibart *o*, lat. fr. ǫ die Lautstufe *ou* erreicht haben.

dolour : *jor* 3 d, *jor* : *labour* 5 d, *gloriouse* : *apouse* 2 a, *wisous* : *repous* I 4, etc.

Dass unser Text dieses Merkmal des Ostens aufweist, wird uns im Hinblick auf schon Bekanntes nicht Wunder nehmen; eher wird es auffallen, wenn sich ausser diesen, theilweise durch den Reim gesicherten *o*-Formen sonderbarer Weise auch centralfranzösische *eu*-Formen finden, welche ebenfalls scheinbar durch den Reim gesichert sind: — *delicieus : leus* (locus) 44b, *leus* (lupus): *leus* (locus) 3a, *veu* (votum): *deu* 18a; — *dilicieus : precieus* 43b, etc. — Diese Formen sind zum mindesten auffallend, wo doch der ganze Osten, von Burgund und der Freigrafschaft bis nach dem östlichen Wallonischen, nur die Entwicklung des lat. ǫ zu *o(ou)* kennt; wenn daher im 'Lothringer Psalter' vereinzelt *eu* vorkommt, so weist es Apfelstedt mit vollem Recht fremdem Einfluss zu. Auch wir haben nun Angesichts der vorliegenden *eu*-Formen die Wahl, entweder an eine Beeinflussung des Verfassers durch die centralfranzösische Schriftsprache zu glauben, wobei uns aber seine Willkür im Gebrauch derselben stutzig machen müsste, — oder aber diese Inconsequenz auf Rechnung des Schreibers zu setzen, der sich des centralfranzösischen oder pikardischen Idioms bediente.

Obige Reimworte wären dann in *delicious : lous, lous : lous* etc. zu bessern, während allerdings *deu : veu* (votum) gesichert scheint. Da nun *lou* (locum), das unser Text nicht kennt, vom Reim verlangt wird, so fällt das *leu* des Schreibers weg und ist durch ersteres zu ersetzen, so auch *feu : leu* 5d etc. durch *fou : lou*; endlich müssen zur Erklärung von Reimen wie *leu* (locum) : *deu* (deum) I 181 die dialektischen Formen *liu* und *diu* herbeigezogen werden, deren letztere dem vorliegenden Text ganz abhanden gekommen ist, während die erstere im Versinnern noch zu treffen ist (vergl. § 11 und 21).

25. Gedecktes lat. ǫ ist ebenfalls bald mit *o* bald mit *ou* wiedergegeben:

jors 1d, *totes* 1b, *tos* 1d, 2b, — *foudre* I 39, *doute : toute* I 41, etc.

Dasselbe lässt sich auch vom nebentonigen *o* (beide *o* sind in dieser Stellung zusammengefallen) sagen: *por* 1a, 1b, *sor* 11b, *soveraine* 10c; — *soufrist* 1b etc., *ou* (ubi) immer mit dieser Graphie.

Vor Nasal steht häufig *u* : *summe* 2d, *sunt : respont* 3a, *sunt* : *secunt* 12 a, *anunces* 34 c, *corunpue* 44 a, etc. Diese Schreibung kommt im Osten häufig vor.

26. lat. ǫ + i giebt *oi*, wobei — wie wir es schon bei andern Vokalen gesehen haben — die mundartliche Tendenz herrscht, das schwachbetonte *i* des Diphthongs gänzlich fallen zu lassen: *glore* : *croire* 16 d, *glore* : *victore* 24 a, *angosse* 25 c, etc.

27. lat. I und U zeigen keine vom Gemeinfranzösischen abweichenden Entwicklungen. Diese beiden Vokale allein sind sich, unberührt vom ewigen Wandel der Uebrigen, in der ganzen altfranzösischen Periode gleich geblieben.

Die unbetonten Vokale.

28. Bei der Betrachtung der unbetonten Vocale ist in erster Linie zu bemerken, dass dieselben öfter durch den Einfluss benachbarter Consonanten modifizirt werden. So scheint eine folgende Labialis den vortonigen Vocal — besonders stammhaftes oder prothetisches vortoniges *e*, aber auch andere Selbstlaute gern zu *a* gewandelt zu haben. So finden wir: *aveschie* 1 a, *aveske* 2 d, 3 a, *apistre* 11 b *avangile* 1 c, 154; — *apouse* 2 a; *saverain* 1 a, *afroi* 40 b; auch vor *l* wurde *e* zu *a* in: *aloignies* I 264 ; in *euuangeliste* 1 a ist dagegen *e* zu *ö* verdumpft; — *a* findet sich unter andern Bedingungen auch inlautend in: *sael* 35 d, *achater* (wo sonst zu *e* geschwächtes unbetontes *a* erhalten ist), *abaie* (abbatiam) 1 a; — *achamines* 3 c, *damages* 5 b, *amender* II 93, *anemis* 40 a, *manecier* II 90.

r hat ebenfalls einen auffallenden Einfluss auf unbetonte Vocale ausgeübt, indem es oft und auf zweierlei Art die Laute *a* und *e* beeinflusst hat: Erstlich hat es ursprüngliches *e*, das im centralfranzösischen zu *a* wird, erhalten; ja es hat mitunter urspr. stammhaftes *a* zu *e* gewandelt: *perchemin* 36 b, *permi* 38 d, *perdon* 43 b *per* I 97; und sogar: *pertimes* I 67 u. *perla* 44 c. Diese Erscheinung tritt vorzüglich in Lothringen auf. — Umgekehrt hat *r* anderswo urspr. *e* zu *a* gewandelt, ein Vorgang, der in Isle-de-France nicht unbekannt ist: *ramenbres* I 191 *raenplimes* I 135 *ensarra* (inserrare) 2 ç *darran* (deretranum) 24 c, *par* 2 a 2 c, I 186, etc.

29. Die unbetonten i-haltigen Diphthonge verlieren — wie es die betonten Diphthonge auch thun — gern ihren *i*-Bestandtheil: *apasie* 40 b, *plasir* I 182, *chosir* I 82; etc. Die Heimath dieser Erscheinung ist wohl ursprünglich die Picardie. —

30. Ueberhaupt herrscht im Dialekt unseres Denkmals der Brauch, unbetonte Silben möglichst zu erleichtern und dadurch die Aussprache mehrsilbiger Wörter rythmischer zu gestalten. Das lässt sich zunächst bei der Verdumpfung unbetonter Vocale zu stummem *e (œ)* beobachten, u. zw. meist in der zwischen Haupt- und Nebenton liegenden Silbe drei- oder mehrsilbiger Wörter: *correcies* 5 b, *correcie* 8 b *excomenient* 29 c; auch *jevencials* 44 a, *deablie* 23 c. Der gleiche Hang führt zur Monophthongirung unbetonter oder vortoniger Diphthonge: *piour* 12 c *loquison* 14 a, *veons* 24 d, *freour* 8 d etc.

31. Ein weiterer Punkt, wichtig zur Charakteristik und Datirung unseres Textes, ist die im Versmass und in der Graphie durchgeführte Erhaltung der Hiatus-Vokale; ferner entwickelt das sonantische *r* ein *e* vor sich, welches das Wort je nach dem Bedürfniss des Versmasses um eine Silbe verlängert oder verkürzt: *vraiement* 1 d, *veraiement* 34 c, *desoremais* 42 c; — diese Erscheinung des beweglichen und dehnbaren *r* findet sich hauptsächlich in den Futur- und Conditional-Formen wieder: *averont : ameront* 43 a neben *avrai* 30 a, *averai : vigerai* 21 a, *isteroit :* 21 b, *renderai : mosterrai* 22 c; *donra* 9 b, *donras* 17 d, etc.

32. Während der in § 29 besprochene Ausfall des *i*-Bestandtheiles einzelner Diphthonge die stark fallende Betonung derselben voraussetzt, so scheint hinwiederum die Vereinfachung anderer zu *i* auf die ausschliessliche Betonung des *i*-Elementes zurückzugehen. Diese Vereinfachung zu *i* zeigen: 1) a + i: *orison* 24 a, I 33, I 271, *travillies* 11 b; — 2) e + i: *ensignie* I 193, *aparillier* II 147, *signor* (neben *segnor* 2 b) 40 b, II 3, *piour* 12 c; — 3) o + i: *reconissons* 6 a, *conissant* 15 c (mit *u : conussies* 13 c), *otria* 19 d, *liies* 11 c, *lia* II 127; — Bei Verbalformen haben Analogiebildungen von endungsbetonten Formen nach stammbetonten stattgefunden und umgekehrt. So kann *prier* für lautgesetzliches *proier* unter 3) gehören, aber ebenso gut nach den stammbetonten Formen gebildet sein, wo ę + i = *i* ergab, etc. — Häufiger bleiben aber immerhin die diphthongirten Formen der Litteratursprache. Die zu *i* reduzirten Diphthonge gehören dem Osten an (Lothr. Psalter § 61. — Poème moral p. 83).

33. Hiatus-*a* ist erhalten in *paour*, einer lothringischen Form, auf welche die meisten modernen Dialekte dieses Gebietes (This. p. 14 — Zéliqzon p. 13) zurückgehen.

Vortoniges *ai* scheint *e* gelautet zu haben: neben *laiens* 23 b, findet man *leiens* 10 c u. *leens* I 93; *mesnie* 28 d, selbst: *ferons* II 100.

34. Unbetontes *e* (lat. ĕ, ē, Y) ist im allgemeinen geblieben. In *liegat* 2 d hat wohl das *i* seinen Ursprung aus dem *l* genommen. — Was *euuangeliste* II 167 neben *evangeliste* und *avangeliste* betrifft, so ist das *e* durch die folgende Labialis getrübt worden. — In *englise* 2 c ist der orale Vokal zum Nasal geworden. — Lat. sigillare ist neben *saeler* auch zu *soeler* geworden, beide Erscheinungen sind aus Dissimilationsgründen leicht erklärlich. Diese und ähnliche Variationen sind im ganzen Gebiet gäng und gäbe.

35. Unbetontes vl. o ist bald erhalten, bald zu klanglosem *e* geworden: *somons* I 254, *correcier* II 46, so auch bei'm Artikel u. Pronomen aus lat. illum, der als *lo* I 325, *lou* 12 a u. *le* 1 a vorkommt. Die Formen mit *o* sind die ältern; in *tunoires* I 40 bedeutet *u* das pikardische *u* = einem dunklen o-Laut.

on + Cons. ist in *volente* 11 b, 3 d, 6 b, 11 b, *rolentiers* I 147, etc. immer zu *en* + C. dissimilirt, eine Form, die im ganzen Osten mit Einschluss der Champagne (Cligés p. LXVII) durchgeführt ist.

Statt des lautgesetzlichen *oi* steht vortonig ein durch Analogie eingeführtes *ui* in: *wisous* (ōtiosus) I 3; aber stets *poissance* 19 d, etc. — In *loies* (laudare) : *envoies* (Part.) 18c, *loia* (laudavit) 7 d, etc. wäre nach Wilmotte (Etude de dialectologie wallone. Rom. XIX p. 80) das *i* hiatustilgend.

B. DIE CONSONANTEN.

36. T — Es ist eine Besonderheit der Pikardie und des Wallonischen, auslautendes festes und loses *t* zu erhalten (— in Lothriugen nur noch in der metzer Sprache, s. Bonnardot. Romania I p. 330 ff). Unser Text zeigt neben gewöhnlichem Ausfall dieses *t* auch häufiges Setzen desselben, besonders im Particip Perfecti und bei'm Suffix-atem: *salut* : *coneut* II 57, *envoiet* : *pitiet* 35 d, *poestet* : *redoutet* 14 a, *devinitet* : *trinitet* 11 a; auch habet = at II 44, 35 d; — *rat* 2 c neben *ra* 2 c; — *cest* II 172, II 176. In der 3. p. singularis des Perfekts sind das feste und das lose *t* bald geschrieben, bald weggelassen : *vit* : *soffri* 1 c, *oï* (= audivit) 6 d, *fu* 1 b, etc. Das Zeichen für 'et' löse ich indessen doch in *et* auf.

Dass das auslautende *t* nach Vokal schon in der Sprache des Dichters stumm war, dafür treten einzelne Reime ein: *car di* (Imperativ): *respondi* (3. sg. Perf.) 6 b, — *coi* (quietum) : *soi* (Pron.) 22 d. Dieser Ausfall ist von Suchier (Grundriss p. 586) schon für den Anfang des XIII. Jahrhunderts belegt; um so mehr ist für jene Zeit Verstummen des auslautenden *t* nach Consonanten anzunehmen; trotzdem haben die 3. p. pluralis der einzelnen Tempora des Verbum's das *t* graphisch erhalten; dagegen ist öfters *dont* für *donc* (dunque) geschrieben, was dies Verstummen des *t* u. *c* in diesem Fall voraussetzt.

37. *t* + *s* giebt in unserm Text nur *s*; wie denn die Affricata *ts* auch als Resultat anderer Consonantengruppen (Consonant + Flexions-*s*) nicht, und der Buchstabe *z* nur selten in Lehnwörtern vorkommt *(baptiza* 2 b); beweisende Reime sind selten : *res* (rasus): *honores* II 139, *mos* : *Pathmos* 11 a, *cors* (corpus) : *mors* (l. mortuus) 1 a, J. *Cris* : *descendis* (2. sg.) 8 d ; — *fils* : *Eucharis* I 143, *fils* : *fis* (feci) I 47, somit auch *fils* : *fis* (fidus) I 295 mit blossem *s*.

Nun wird allerdings im XIII. Jahrhundert allgemein auslautendes *z* = *s*, indem es seinen *t*-Vorschlag verliert (Grundriss p. 586); doch deutet offenbar das Fehlen des

Zeichens z in unserm frühen Texte auf eine dialektische Eigenthümlichkeit. Das s für z wird speziell als eine pikardische Eigenheit angesehen (Suchier, Auc. et Nic. p. 64); doch mag sie auch tiefer süd-östlich eingebürgert gewesen sein. Das scheint Apfelstedt auch für Lothringen anzunehmen, obgleich es in Anbetracht der vorgerückten Zeit für den lothringer Psalter von keiner Bedeutung mehr ist; bis nach Burgund hinab reicht dieses s = z, obgleich letztere Gegend allerdings häufiger z kennt (Lothr. Psalter § 97 — Goerlich, Burg. Dial. p. 113).

38. Was die Graphie von Doppelconsonanzen betrifft, so ist sie bei allen hier in Betracht kommenden Mitlauten sehr willkürlich behandelt, indem sie bald vernachlässigt und bald zur Unzeit angewandt ist. Es ist dies eine bekannte pikardische Eigenthümlichkeit, welche vom Schreiber herrühren mag.

Der Reim *face* : *basce* II 132, womit '*messe* = *mette* des 'lothr. Psalter' (§ 123) zu vergleichen ist, scheint in dieser Form ausschliesslich lothringisch zu sein (vgl. Groebers Grundriss p. 618).

39. S — Während stimmhaftes s durch s wiedergegeben ist, so findet man für stimmloses s die verschiedensten Graphien: anlautend s oder c : *ci* 42 d, *cera* 1 d; *se* (= ce) 28 d, etc. — Inlautend und zwischen Vokalen steht oft blosses *s* für den stimmlosen Laut, was auf die im Lothringischen nicht unbekannte Verwechslung der beiden s-Laute hinweist: *ausi* 1 b, *asenblent* 40 c, *chaserai* 14 u, *isimes* 18 c, *dresa* 29 d, *mesages* 40 c; — andere Schreibarten für stimmloses intervocales s sind: — ss : *menasse* 29 c, etc.; — c (auch vor dunklem Vokal): *deciples* 1 a, *blecure* II 193, *doucour* 20 b, etc.; — sc : *Galisce* 2 c, *pasce* I 30, *menasce* II 94, *fusce* 23 b, *fasce* 29 c, *delisces* : *visces* 44 b, etc.; — Stimmloses s nach Consonanten wird mit s oder c (auch vor dunklen Vokalen) bezeichnet: *apenserent* 40 b, *presense* 4 a, *comensa* 22 d, etc; *concut* 17 d, *poisances* 4 c, *ancois* II 35, etc.

Der Buchstabe z kommt nur selten in Lehnwörtern vor: *baptiza* 2 b, etc.; *x* kommt in der Geltung von 's' als etymologische Schreibart vor: *exemple* 10 c, *dextre* : *estre* 36 c; — ferner *x* für *us* : *dex* = *deus*, *biax* = *biaus*.

40. Eine der hauptsächlichsten Verschiedenheiten zwischen dem Dialekt des Dichters und des Kopisten bietet die Behandlung der Gruppe s'r in der 3. p. plur. Ind. perf. In der Sprache des Schreibers nämlich ist bei'm Zusammenstoss beider Consonanten das *r* untergegangen, so dass *s* (auch *ss* geschr.) allein steht: *fisent* : *misent* II 67, *prisent* : *misent* 4 a, etc. Die Reime aber lehren, dass diese Formen nicht vom Verfasser selbst herrühren; denn diese verlangen Formen mit *r*, wobei umgekekrt das *s* zu Grunde gegangen ist (franzisches *str* mit eingefügtem *t* findet sich nicht geschrieben): *fisent* : *establisent* (für *establirent*), *fisent* : *virent* 1 d, *issirent* : *fissent* 4 d, *fisent* : *fuirent* 6 a, *virent* : *firent* 6 c, 12 d, *oirent* : *firent* 38 c, *prisent* : *vendirent* 41 d, etc.

Suchier (Auc. u. Nic. p. 64) weist die Formen mit ausgefallenem *r* dem Pikardischen, Wallonischen und Lothringischen zu; mithin wären, da sich diese 3 Dialekte in diesem Punkte nicht unterscheiden, unser Text aber doch da hinein gehören wird, diese Reimformen des Johannes-Lebens centralfranzösischem Einfluss zuzuschreiben. Worauf gestützt, Suchier für Lothringen die *s*-Formen in Anspruch nimmt, weiss ich nicht; mir scheinen im Hinblick auf die entsprechenden Formen im 'lothr. Psalter' (§ 126) und auf die Lautverhältnisse gerade unseres Textes die *r*-Formen für diese Gegend ebenso berechtigt zu sein.

41. s + Consonant, das schon im XII. Jahrhundert verstummt, hat in unserm Text keinen lautlichen Werth mehr; in der Schrift fehlt es oft und ist hinwiederum bisweilen unberechtigt eingefügt, z. B. *escrit* (scriptum): *J-Crit* 2 b, *sans contredit* : *dist* 3 a, *respondit* : *dist* 3 a, *dist* : *vit* 5 d, *vit* : *prit* 19 b, *dist* : *respit* 28 b , *issit* : *ocist* 28 c, *desclost* : *ost* (= ot) 1 c, *esrantment* 4 a, *manie* (= maisnie) 31 b, *esvesque* 40 d, etc. Seit Anfang des XII. Jahrhunderts war *s* vor Consonant so ziemlich allgemein verstummt.[1] Vom Schwinden

---

[1] **Koeritz**, Ueber das s vor Consonant im Französischen. Strassb. Diss. 1885 p. 25 ff.

des auslautenden *s* ist mir nur ein Beispiel aufgefallen: *a* (= habes) 11 45, was natürlich dem Schreiber angehört; — die Reime zeigen einen grammatisch genauen und durchgeführten Gebrauch des Flexions-*s*. Da der Kopist auch nur vereinzelt gegen die Casusformen verstösst und selbst das verstummte auslautende *s* noch richtig setzt, kann seine Thätigkeit spätestens in's Ende des XIII. Jahrhunderts fallen.

42. L — l + Consonant liegt in verschiedener Gestalt vor. Was zunächst die Graphie betrifft, so steht bald *l* bald *u*, oder aber keines von beiden. Ob oder in welchem Masse *l* vor Consonant vokalisirt worden ist, lässt sich für unsern Text schwer bestimmen, da der Kopist den Formen des Originaltextes eigene dialektische Besonderheiten untermengt hat, welche sich nur mit Mühe und nicht in allen Fällen mit Hülfe von Reimen und anderweitig bekannten Thatsachen wieder ausscheiden lassen.

Sicher gefallen ist *l* nach *i, o* und *u*, z. B. *vils* (vilis): *vis* (vivis) 5 b, *fils* : *fis* (feci) 6 a, 7 b, *fils* : *fis* (fidus) I 296; — *wels* : *pues* 26 c, *wes* : *pues* 27 b, *wet* : *estuet* 43 c, *orent* (habuerunt): *vorent* (volucrunt) 28 a; — *nus* 10 c, etc. — Nach *a* ist die Behandlung des gedeckten *l* ungewisser: lat. talis ist mit ausgefallenem *l* gesichert durch Reime wie *tes* : *contes* (computatus) 43 d, *menes* : *tes* 30 a; im folgenden zeigt demnach auch Suff-alis Ausfall des *l* : *-tes* (talis) : *mortes* 1 c, *oste(u)s* : *te(u)s* 15 c, *autex* : *tex* 2 c; unumstösslich ist aber diese Beweisführung nicht, da es nur der Annahme von Doppelformen für talis oder Suff-alis bedarf — wie die Champagne und Picardie welche kennt —,[1] um sie abzuwehren. Wenn schliesslich — was nicht zu ersehen ist — bei der halbgelehrten Behandlung von Suff.-alis, mit erhaltenem *a*, das *l* ausgefallen wäre *(fa(u)s* : *desloials* 7 a, *ha(u)s* : *desloia(u)s* 10 a), so wäre die Annahme möglich, nach *a* sei überhaupt gedecktes *l* gefallen ohne ein *u* zu entwickeln; so hätten wir denn *l* als veraltete Schreibart, *u* aber als dem Kopisten angehörig zu betrachten in Formen wie *malves* 15 c, *des*-

---

[1] Haas, z. Geschichte des l vor folg. Consonanten i. Nordfranz. Freib. Diss. 89 p. 100 u. p. 89. — Tobler, ächter Ring p. XXIX.

loials 7 a, *li malfes* 10 a, *salver* 34 b; — *autres* 1 b, *chardenaus* 2 c, *maufes* 10 c, *sauvete* 8 d; — *saver* (salvare) 8 a as (a les) I 190 entspräche dagegen dem wahren Lautbestand. Nach *ę* und *ẹ* ist für unsern Text die Behandlung des gedeckten *l* nicht genau zu bestimmen. Pikardisch sind Formen wie *jevencials* : *bials* 44 a, *noviaus* 35 d, etc. — melius = miox : *deus* 22, und besser *deus* : *meus* 27 b. — vetulus = *vies* 27 a. — *ę* verlangt vokalisirtes *l* nach sich in *eus* (illos): *dex* 11 c, *ceus* : *eus* (illos) 9 d, *deus* : *eus* (illos) 11 b; *aus* 13 b, 42 a (vom Reim nicht gestützt) ist pikardisch.

Aus obigem sieht man, dass mit einzelnen Ausnahmen, das behandelte l in unserm Text zu schwinden geneigt ist; diese Erscheinung ist im Grossen und Ganzen ein Merkmal des Ostens und zwar vorzüglich Lothringens, wo l vor Consonanten nach allen Vokalen geschwunden ist. Wenn das in der Johanneslegende nicht ganz in solch ausgedehntem Masse der Fall ist, so mag einerseits der Einfluss der centralfranzösischen Litteratursprache eingewirkt, andrerseits das Pikardische mitgespielt haben, das die Vokalisirung dieses l im höchsten Grade betreibt.

43. Mit dem Ausfall des *l* in der Gruppe o + l + Cons. hängt zusammen das Ausbleiben des Gleitconsonanten d in Formen wie *voura* 10 d, *vouras* 28 d, *vorent* 28 a, *porre* (pulverem) 1 d. — Nachtoniges *l* nach *t* ist geblieben in *epistle* 11 b, zu *r* geworden in *apostres* 12 c. — Vom Verstummen des auslautenden l lassen weder der Dichter noch sein Kopist etwas merken.

44. R — r vor und nach Consonant ist vielfach vernachlässigt. a) *r* vor Consonant ausgefallen: *pale* (= parlé) 23 a, *chatre* : *quatre* 6 a, — b) *r* nach Consonant ausgefallen: *prope* 1 c, *propement* 40 b, *preste* 40 d, *penre* 41 b etc. Da nun lautgesetzlich berechtigtes *r* oft ungeschrieben bleibt, andrerseits bisweilen ein unorganisches *r* eingefügt wird (*euuangelistre* 2 c, *chartre* (carcerem) : *chartre* (cartam) II 51, etc.), so ist die Annahme gestattet, dass dieses *r*, wenn nicht ganz stumm, so doch wenigstens kaum hörbar war; auf diese Weise lässt sich der Einschub und Ausfall dieses *r*, welcher im ganzen Osten und bis in's Franzische hinein [1] zu verfolgen ist, am einfachsten erklären.

45. Die gewöhnliche Umstellung des *r* ist unterblieben in: *torble* II 43; — *espir* I 326, 3a, 5b, *espir* : *fuir* 14b, *espir* : *perir* 27d, und *aquit* : *esperit* 7u (mit silbenbildendem sonantischem *r*), etc. sind von lat. spiritus unter zweierlei Betonung abgeleitet; — Zusammentritt zweier *r* in: *souferont* 11c, *sofferes* 3c, *enterai* (intrare) 34d. — Die Vereinfachung des *rr* zu *r* ist pikardisch und wird dem Kopisten zuzuschreiben sein.

46. Auslautendes *r* war für den Dichter sicher noch zu hören, das beweisen Reime wie: *chier* : *aidier* 24b, *mer* : *salver* 34b, etc. Tobler sagt, auslautendes *r* sei noch im XVI. Jahrhundert immer gesprochen worden (Versbau p. 117); dagegen constatirt Goerlich (Burg. Dial. p. 106) beginnendes Schwinden dieses auslautenden *r* in mehrsilbigen Wörtern bereits für das Ende des XIII. Jahrhunderts; für den Schreiber des 'lothr. Psalters' (§ 84) ist es verstummt. Wahrscheinlich ist dieser Schwund einstweilen nur bei der lässigen Aussprache des Volksmundes eingetreten, während die genauere Kunstsprache das auslautende *r* noch hören liess (vergl. Bonnardot, in: études romanes déd. à G. Paris p. 349). Eine solche Nachlässigkeit unseres Kopisten ist mir nur in: *ovri* (= ovrir) 23b aufgefallen.

47. M — Die Gruppe m'l ohne Gleitlaut in *humlement* I 235. Letztere Erscheinung beschränkt sich nach Wilmotte (Rom. XVII 566) auf das Pikardische und Wallonische Gebiet; die heutigen lothringischen Patois aber zeigen, dass auch diese Gegend kein *b* eingeschoben hat (Horning, Grenzgedichte p. 76). Unser Text hat im übrigen sonst die Formen mit eingefügtem *b* der Litteratursprache. — Für nasales Vokal + *m* wird meist Vokal + *n* geschrieben, auch wo *m* etymologisch berechtigt ist: *tenple* 10c, *nonbre* 11c, *enpire* 11b, *ensenble* 30c. — Auslautend *m* ist zu *n* geworden: *non* (nomen): *conpaignon* 2d, *an* (annum): *Jerusalem* I 241.

---

[1] A. Schulze, der Consonantismus des Franzischen. Hall. Diss. 90 p. 24.

48. N — Die Gruppe n'r bedarf keines Gleitlautes *d* : *engenra* 2 b, *engenree* 2 c, *revanrai* I 263; wahrscheinlich von dieser Gruppe beeinflusst, büsst manchmal auch l. prendere sein stammhaftes *d* ein : *penre* 40 b, *penrons* 19 a, *penre* : *vendre* 41 b. Auch diese Erscheinung gehört nicht ausschliesslich der Picardie und dem Wallonischen an, sondern erstreckt sich über den ganzen Osten bis nach Burgund hinab.[1]

Wie einige östliche Dialekte kennt auch unser Text in einigen Worten ein unorganisches, eingeschobenes *n*, das den Vokal nasalirt: *englise* 2 c, I 101, *anglise* I 108, I 121, *rengeneres* I 102. — Der Reim *vinrent* : *dirent* I 311 lässt zwei Erklärungen zu: entweder ist in *vinrent* das *n* an *r* assimilirt worden oder ausgefallen, welche Form Foerster (Schwertritter, p. XLIX) der Picardie zuschreibt; oder aber ist in *dirent* ein *n* eingeschoben. In beiden Fällen kann natürlich das *i* nicht nasalirt gewesen sein, während das *n* eher zur Dehnung desselben beitrug, als dass es selbst lautete.

49. K — lat. k + a (au) hat in unserm Text die gemeinfranzösische Entwicklung zu *ch* genommen (selbst: *chardenaus* 2 d, *choser* 13 b); das pikardisch-normannische (nicht wallonische — s. Grundriss IV. Karte) Beharren des lat. *k (c)* zeigt ein einziger Vers: *Les castes en lor castee* 2 a. Dieser Vers ist in seinem Zusammenhang formelhaft gebraucht, er könnte daher in seinem Wortlaut von ähnlichen Stellen beeinflusst sein, deren eine dem Dichter vorgeschwebt haben mag; es hindert aber auch nichts, ihn lediglich einem pikardischen Kopisten in die Schuhe zu schieben.

50. lat. qu hat sein mitklingendes *u* verloren, was aus willkürlichem Wechsel von *qu* zu *k* in der Graphie zu ersehen ist: *ki* 1 a steht neben *qui* 2 b, *ke* 2 c und *que* 11 c, *kant* 10 c u. *quant* 10 c, *kar* 23 b, *kenke* 28 d, etc.; *qu*, als die ältere Graphie, mag dem Dichter eignen.[2] Der Casus

---

[1] Horning, Grenzdialekte p. 77. — Apfelstedt, lothr. Psalter § 91. — Goerlich, Burg. Dial. p. 108. — Auch die Champagne kennt diese Erscheinung: Cligés p. LXXIV.

[2] Der Osten hat z. Th. *u* bewahrt, vergl. Meyer-Lübke, rom. Gramm. I § 426.

obliquus des Relativum zur Bezeichnung von Personen lautet *cui* neben *que (ke)*, wobei die erstere Form, welche übrigens noch die ursprüngliche Graphie zeigt, nicht mit dem Nominativ *qui (ki)* zusammengefallen sein kann.
Beispiel: *Que ferons De cest home par cui sauf sons* 13 b. — *Je te proi Por celui deu cui prechier t'oi* 29 a.

51. Die Labialen. — In der Gruppe — able ist *b* — nach einigen Reimen zu urtheilen — kaum hörbar: *diables* : *males* 21 a *diable* : *pale* 42 a. Cloetta constatirt diese Erscheinung für das Wallonische (poème moral p. 99), wo *b* zu *v* geworden und dieses ausgefallen sei, daneben führt er auch Formen mit erhaltenem *b* an. Auf die angeführte Behandlung der Gruppe - able gehen auch die modernen lothringischen Formen zurück, wo inlautendes *bl* nach dem Ton zu *y* geworden ist (Horning Grenzdialekte p. 78.)

Das hiatustilgende *v* zwischen zwei *o* fehlt noch in *pooir* 9 b, *pooit* 3 d, *pooie* I 159, auch: *poes* 30 c; etc — ausgefallen ist *v* (lat. b) in *doient* 2 a neben vortonigem *devoit* 2 a; vor *r* in *ara* (= avra) 43 b. — *escrisoie* 196, *escrisies* I 120 sind auffällige, dialektische oder fehlerhafte Formen, in welche sich wahrscheinlich das Perfekt-*s* eingeschlichen hat.

Der Buchstabe *w* bezeichnet *vu*.

52. Mouillirtes l und n — Mouillirtes *l* entsteht wie gemeinfranzösisch aus *l* + hiatus-i oder aus *l* nach erweichtem Palatal. Auffallend ist die Schreibung *ll*: *balla* 1 a, *mellor* 11 d, *esvellai* : *mervellai* 15 d, *mellors* 40 b, *aparelle* I 86 — neben *despoiller* : *aparillier* 39 d, *aille* : *vitaille* 24 d, *baillis* 33 d; blosses *l* steht in *ale* (Conj.) : *faille* 35 d. — Im französischen Auslaut beweisen die Reime Aufhebung der Mouillirung: *fil* : *cil* 7 d, *il* : *fil* 8 a, 10 c, *il* : *peril* 12 b, *essil* : *il* 18 c. So reimt auch Christian von Troyes (Cligés p. LXXI). Sonderbar sind die Reime *belle fille* : *respont ille* (= lat. ille) 16 c u. *fille* : *cille* (= celle) 2 b; *ille* und *cille*, wahrscheinlich latinisirte Formen, waren die mouillirt, oder war in *fille* die Mouillirung unterdrückt? Vielleicht war, beeinflusst vom Masculinum *fil*, letzteres der Fall.

In Bezug auf mouillirtes n führe ich die Schreibweise mit blossem *g* am Wortende an : *bag* : *mehag* (mehaing)

4 d; dieses *bag* (lat. baneum)[1] kommt stets in dieser Gestalt vor, daher es kaum ein einfacher Schreibfehler sein kann. Hierher gehören noch: *vig* I 21, I 29 neben *ving* I 31, und *loig* I 265, I 5.

53. Ueber die Nasalen ist das nöthige bereits bei der Behandlung der einzelnen Laute gesagt worden, worauf denn verwiesen wird.

II. ZUR FORMENLEHRE.

SUBSTANTIVUM UND ADJECTIVUM.

54. Declination. — Die Declination des Substantivs ist, wie der Reim lehrt, noch strikte durchgeführt. Dasselbe gilt natürlich vom Adjektiv, das die einzelnen Stadien der Entwicklung seiner verschiedenen Declinationen mit dem Substantiv gleichzeitig und gemeinsam durchmacht.

Der Nominativ Singular der Wörter auf -er der lat. zweiten und dritten Declination ist meist mit *s* geschrieben; ob diese Klassen aber schon zur Zeit, da unser Dichter sein Poëm schrieb, sich durchweg und ohne Ausnahme dem allgemeinen Schema der Masculina angepasst hatten, ist zweifelhaft; doch ist *s* gesichert durch den Reim *peres* (n. sg.) : *freres* (obl. pl.) I 11.

Die Substantive mit beweglichem Ton, welche Personen bezeichnen und der lat. dritten Declination angehören, haben ihre besondere Nominativ-Singular-Form erhalten. Diese Klasse von Wörtern scheint das Nominativ-*s*, das unser Manuscript zeigt, erst nachträglich vom Kopisten erhalten zu haben, wenigstens für *sire* deuten es an die Reime *sire* : *escrire* 12 c, *sire(s)* : *dire* 42 d; während *leres* : *enchanteres* 12 c, *lerres* : *enchanteres* 3 d, *sires* 1 b, *enpereres* 11 b, *compains* 3 d, etc. nichts beweisen, da sie nicht ursprünglich zu sein brauchen; auch das Versmass verlangt kein *s* vor vokalisch anlautenden Wörtern, damit das nachtonige *e* silbenbildend sei — unser Text scheut den Hiatus nicht —; es hindert

---

[1] Groeber, vgl. Substrate ALL u. G. I p. 248.

also nichts anzunehmen, dass sich das 'Johannesleben' noch der ältern Nominativform ohne *s* bedient, welche Form allerdings im Verlauf des XII. Jahrhunderts nach und nach von der analogischen *s*-Bildung verdrängt wird, die aber Kristian von Troyes (Cligés p. LXXV) noch ausschliesslich verwendet und die auch im Anfang des XIII. Jahrhunderts noch neben der neuern vorkommt (so im 'Poème moral' p. 108). Hierher gehören auch die ungleichsilbigen Substantiva der lat. dritten Deklination mit festem Ton: *hons* II 206, *prodons* 24a, etc. — aber *hom* 5a, II 119, 1c.

Die Feminina der lat. dritten (und fünften) Deklination haben nur theilweise im Singular ein Nominativ-*s*: *trinites* : *deites* 9a, *chars* 1b, *riens* 12c; — aber: *flor* 42b; *gent* (Voc.) 10c. — *suer* 2b als Obliquus ist hinwiederum schon früh zu finden; Schwan (Grammatik p. 101) belegt es für das Rolandslied.

55. Als Vokativ dient die Form des Nominativs: *deus glorios peres* 36b, *signor frere* (Plural): *pere* 2d, *sers* (Sg.) 5b, etc. — In *fils Prochore* I 15, I 48, ist *Prochore*, mit dem Nominativ *fils* verbunden, natürlich nicht eine Obliquus-Form, sondern wir haben es mit dem unveränderten lat. Vocativ zu thun, der direkt aus der lateinischen Vorlage herübergenommen worden ist. — Das *biau fils* 1 191 ist eine verdorbene Stelle; verlangt ist der Nominativ Pluralis als Anrede an eine Mehrheit [1], also *bel fil*.

56. Vom Neufranzösischen verschiedenes Geschlecht haben: — *avangile* : *L'avangile mot a mot dist Et fist tote jusk'a la fin*. I 54. — *Por la sainte evangile escrire*. I 78, I 88 —; *avangile* ist also weiblich, was auch anderswo [2] nicht unbekannt ist; männlich dagegen ist auffallender Weise *oile* [2]: *Li prince d'Efese i estoient, Qui l'oile boilli conmandoient, Et quant il fut chaus et boillans, S. Jehan fist geter dedens* II 153. — Auch *parente* [3] ist als Masculinum be-

---

[1] Zeitschrift VII (1883) p. 38 § 4.
[2] W. Meyer, Neutrum p. 165 u. p. 166, wo Beides mit dem östl. Gregor belegt wird.
[3] Armbruster, Geschlechtswandel i. Franz. Heidelb. Diss. 1888 p. 37.

handelt in: *Si me plaist molt a recorder Son parente et sa lignie* 2 b.

57. Die lateinischen Adjectiva zweier Endungen haben im Nominativ Singularis Masculini und Feminini Generis die gleiche Form, indem der weibliche Nominativ noch nicht mit analogischem *e* der Feminina gebildet wird, dagegen auf *s* ausgeht: *Une foudre leva si grans Et uns tunoires si pesans*.
— Die übrigen Casus des Feminins sind natürlich auch ohne analogisches *e* gebildet: *grant* (obl.) 17 a, 17 d *charnel* 1 b; vorkommende Formen mit analog. *e* sind weder vom Reim noch vom Versmass gestützt und gehören sicher dem Kopisten an.

58. Im Anschluss an die Behandlung der Adjektiva ziehe ich hier noch die Participia in Betracht, obgleich einiges davon vielleicht eher in einen Abschnitt über die Syntax hingehörte.

Die Participia Praesentis werden im allgemeinen nicht flektirt; letzteres tritt aber ein, sobald das Participium nicht mehr als solches gefühlt wird, es vielmehr zum Adjectivum geworden ist: *Une foudre leva si grans Et uns tunoires si pesans*. 36 c — *Et kant il fut chaus et boillans* (sc. l'oile), *S. Jehan fist geter dedens* H 155.

Die Participia Perfecti mit avoir construirt richten sich immer nach dem Accusativ-Objekt, wenn dasselbe vorangeht: *uns autres traities .. Sus aucuns miracles . . . Ke Prochorus n'avoit pas fais . . . ne retrais*. 37 c — *Tot ce li veskes Milles dist, Ains ke riens descrire rosist Des miracles ke fais avoit* 37 c.

Wenn aber das Accusativ-Objekt dem Participium nachfolgt, so kommt Congruenz und Nichtcongruenz abwechselnd vor: *A Mes en ai trore la vie* 1 a, etc. — aber: *si a faite la sa proiiere* I 266 — *Kant li princes a coneue la chartre et mot a mot leue* II 25 — *Ou as tu prise tel folor*. II 45 — *J'ai resgardee Ta bone foi et ta pensee*. 17 a — *Et apres si a baptisie Li et son fil et sa mainie*. 29 b — *Ains a tot maintenant guerpie Et lor siege et lor conpaignie* 32 a.

59. Die Flexion fremdländischer Eigennamen ist oft vernachlässigt. Hübsch ist der Reim *Pathmot : ot* I 239.

60. Adverb — Das Adverb giebt zu keinen weiteren

Bemerkungen Anlass; es wird regelmässig aus der Feminin-Form des betreffenden Adjektivs gebildet, welche Form, wie wir gesehen haben, bei den lat. Adjektiven zweier Endungen kein analogisches *e* aufweist; also *forment* 33 d, 42a, *griement* 34c, *grantment* 35c, etc. — *comunement* I 100 und *dolcement* sind keine Ausnahmen, denn sie gehen auf vulgärlateinische Adjektiva dreier Endungen zurück.

61. Der Artikel — Masculinum: Nom. sg. *li* — Obl. sg. *lo, lou, le* — nom. pl. *li* — acc. pl. *les* — Femininum: Sg. *la, li* – Pl. *les*.

Der männliche Artikel, mit Praepositionen verbunden, lautet: de + Art. sg. = *del* 42a, 29c. 11b, *do* I 265 42c, *dou* 13c, 12c, I 102; a + Art. sg = *au* I 317, 24c; de + Art. pl. = *des*; a + Art. pl. = *as* I 190; en + Art. sg. = *el* 1c, I 299, 6d, etc. on I 142, 29c, 30a, 40a, *au* 1a; en + Art. pl. = *es* I 203.

Was *lo* neben *le* betrifft, so ist ersteres die ältere Form, welche unserm Text noch zuzukommen scheint. Schwan lässt sie in der zweiten Hälfte des XI. Jahrhunderts verschwinden; doch muss sie im Osten wenigstens sich länger erhalten haben; Goerlich constatirt sie neben *le* für die burgundischen Dialekte, Cloetta für das Wallonische des XIII. Jahrhunderts; der 'lothringer Psalter' des XIV. Jahrhunderts hat *lou* (die spätere Form für *lo*), und noch heute haben die dortigen Dialekte *lo* neben *le*.

Weibliches *li* für centralfranzösisches *la* gehört den südöstlichen Dialekten und Lothringen an (burg. Dialekt p. 121), während die Pikardie *le* hat. — Die Form *del* für späteres *dou*, das sich noch vor Consonanten befindet, gehört dem Dichter, *dou* aber wahrscheinlich dem Kopisten an; der lothringer Psalter kennt nur noch mehr *dou*, der moderne Patois *do* (Grenzdialekte p. 87). Aehnlich verhält es sich mit *el*, das unser Text noch vor Consonanten aufweist; später vokalisirte sich das *l* also: *ou*, welches sich im lothringischen zu *on* nasalirte (Schwertritter p. XLV), so im lothringer Psalter,[1] während anderswo die Nasalirung unterblieb.

---

[1] so auch in: Bonnardot, Document en patois lorrain etc. A. XIV. J. (i. Romania I p. 330 ff. unter § III voyelles nasales).

PRONOMEN.

62. Personale — Es seien hier nur die vom centralfranzösischen Sprachgebrauch abweichenden Formen erwähnt: Der Nominativ Singularis des Personal-Pronomens der ersten Person kommt in verschiedener Gestalt vor: *jou* 1 b, etc., eine Form, aus der sich in der Isle-de-France schon früh das klanglose *je* weiterentwickelt hat, welche aber der Osten und Nordosten Frankreichs länger wahrte; besonders die Picardie und das Wallonische weisen noch im XIII. Jahrhundert *jou (ju)* neben *je* auf. Der lothringische Psalter bedient sich nur noch ausschliesslich der letztern Form; doch ist anzunehmen, dass in Lothringen die ältere Bildung in einzelnen Ortschaften nie vollständig untergegangen ist, da sie This (a. a. O. p. 50) noch jetzt neben *je* verzeichnet. Unser Text kennt aber auch letztere Form: *je* 1 b, I 21, 29 etc. Ein einziges Mal, dafür aber durch den Reim gesichert, findet sich in betonter Stellung die Form *gie*: *Si lor a demande congie Tos ensenble et dist: bel fil, gie Je doi en Efese raler* I 199. — Dieses *gie* ist keine bloss dialektische Bildung, sondern eine satzbetonte Form, welche meist im Reime zu treffen ist.[1]

In Bezug auf den obliquus singularis des absoluten Personalpronomens ist zu bemerken, dass neben dem regelmässigen: *moi, toi, soi* sich auch östliches *mi* durch den Reim gesichert findet: *Tant aiens de toi, ke plus certain soiens en foi* 36a — aber *Si a o li Sis desciples menes et mi* 1 255. Was die bestimmtere Heimath letzterer Erscheinung betrifft, so mag sie ursprünglich die Picardie oder doch der Nordosten gewesen sein; das hindert nicht, dass sie (wie wir früher gesehen) sich bis nach Lothringen erstreckte (Horning, Grenzdialekte p. 29), wo z. B. im lothringer Psalter (§ 112) Formen wie *mi, ti* häufiger als *moi, toi* sind. Beide Bildungen sind in unserm Text als gleichberechtigt anzusehen.

Der Obliquus singularis der dritten Person des betonten Personalpronomen hat neben männlichem *lui* manchmal auch *li*, unterschiedslos für das Masculinum und Femininum: *Et en*

---
[1] Rudenick, lat. ego im Altfr. Hall. Diss. 85 p. 9 ff., 14, 34, 35.

remenbrance de lui ... *fonda cel lui* (locum) 1 a; — *por nului : de lui* 1 c — *Et une fame vint a lui Plainne de courous et d'anui* 29 a — aber: *Si a o li Sis desciples menes et mi* I 255. — Diese Verwechslung von *lui* und *li* zeigt das Wallonische (poème moral p. 109) und Lothringen (Lothr. Ps. § 112). Wie sich hier *mi, ti* in den meisten Ortschaften bis auf den heutigen Tag erhalten haben (Grenzdialekte p. 29), so ist auch *li* neben *lu* noch vorhanden (This, p. 49, etc.). Es ist, wie mir scheint, nach allem dem überhaupt kein Grund, die Heimath beider Erscheinungen anderswo als in Lothringen selbst zu suchen.

Von betonten Formen ist hier noch der Plural der 3. Person zu erwähnen, welcher bald *eus* bald *aus* lautet: *ceus : eus* 9 d, *eus* 10 d, *deus : en eus* 11 b, *d'eus : dex* 11 c, — aber: *a aus* I 106, *aus* 13 b, 42 a, etc. — Der Reim entscheidet für centralfranzösisches *eus*, das der lothringer Psalter neben *oulz* hat; *aus* kommt im Südosten und in der Picardie vor; in unserm Text geht es zweifellos auf einen pikardischen Schreiber zurück.

Satzunbetonte Formen: Der Dativ singularis der männlichen dritten Person ist: *li* I 172 *(a pies li chiet-)* 12 a; — der Accusativ: *lo lou* oder späteres *le : lo* I 147, *lou* II 79, *le* I 174 etc. — Als weiblicher Accusativ der Einzahl steht neben *la* I 120 etc. auch das speziell pikardische *le* I 56, 2 a. — Der Dativ pluralis beider Genera lautet: *lor*: 42 d, 32 a, 13 c.

63. Possessivum — Es kommt hier nur das unbetonte Possessiv-Pronomen in Betracht, und zwar ausschliesslich das Masculinum, da das Femininum keine Eigenheiten aufweist.

Nom. sg. *mes* 9 c, 12 a; — *tes* 10 c, 3 d; — *ces* II 162.

Obl. sg. regelmässig; daneben einmal *mou* I 275, eine lothringische Form mit weggefallenem Nasal, die auch der lothr. Psalter kennt (§ 114); auch pikardisches *men* 15 a scheint, nach seinem Vorhandensein im modernen Metzischen (This p. 51) zu urtheilen, in Lothringen nicht unbekannt gewesen zu sein.

Nom. pl. I. — *mi* 12 a. — III. *sui*, die ursprüngliche,

lautgesetzliche Form für späteres, analogisches *si*, hat sich im Osten länger erhalten, da es sich noch vereinzelt im lothringer Psalter findet: *A tos jors sui serf serons* 6 b; — *Nos proia, Ke nos cel jor les lui fussiens Et sui oste demorissiens* 34 c. — Obl. pl. ist regelmässig.

Für das unbetonte Possessiv der Mehrzahl *nostre* etc. findet sich einmal pikardisches *no* : *Et j'avoie a no departir* I 249.

64. Demonstrativum — Das Demonstrativum bietet wenig mundartliche Züge; es ist, wie zu erwarten, in seinen verschiedensten Formen, betonten und unbetonten, mit *ille* und mit *iste* gebildeten, wohl erhalten. So ergiebt satzunbetontes ecce + ille, etc.: N. *cil* 12 a, — Obl. *cel* II 182 — N. pl. *cil* 11 a, — Obl. *ceus* 44 c; — im Femininum ist nur *cille* : *fille* 2 b auffällig, wo das *i* der lat. Form erhalten zu sein scheint. — Von satzbetonten Formen erwähne ich den Obliquus singularis : M. *icel* 2 c, *celui* 8 d, — F. *icelle* 6 a, *celi* II 159. — ecce + iste: Der nom. sg. masc. der unbetonten Form *cis* 10 c für *cist* ist nach Suchier (Auc. et Nic. p. 67) eine pikardische und wallonische Eigenheit; — der Obl. pl. lautet unbetont *ces* 17 d, betont *ices* 40 c.

Das Neutrum kennt auch die betonte Form *ice* 2 a. — *seu* I 252 gehört dem Osten an.

65. Relativum und Interrogativum — Während *qui* und *que* ihren *u*-Bestandtheil eingebüsst haben und somit die Schreibung *ki* und *ke*, welche mit jener abwechselt, vollständig berechtigt ist, zeigt der Obliquus singularis mit Bezug auf Personen die Form *cui*, die offenbar noch nicht mit der Nominativ-Form *ki* zusammengefallen war: *Au roi Domitien escrirent, K'enpereres de Rome estoit, A cui tote terre aclinoit* 11 b; — *Que ferons De cest home par cui sauf sons* 13 b, — *Je te proi Por celui den cui prechier t'oi*, 29 a.

Für den Nominativ singularis masc. et fem. generis *qui (ki)* scheint bisweilen *que (ke)* eingetreten zu sein : *dex, que ne fine, Aconplisse le tien desir* 17 b ; — *Bien es ribaus quant tu venoies Servir Romaine la cremue, Ke juske a Rome est coneue*, 5 b; — *Une epistle que sor nos iere, Ki fut faite en tel maniere* 11 b; — So auch im Plural: *Tuit cil que S. Jehan batoient Par nonbre sor lui cent estoient* 11 c; — wahrscheinlich ist in *qu'* für zu erwartendes *qui* ein *e* elidirt: *S'en ot S. Jake le menor Et un autre qu'ot Joseph non* 2 b; — *Apres icestui Cleofas Un autre ot qu'ot non Salomas* 2 c; — *Soiens ausi con li colon(s) K'ades suient lor conpaignon(s)* 3 a; — vergl. noch II 62, 106, 173. — Das Pikardische und Wallonische scheinen dieses *ke*[1] nicht zu kennen, dagegen kommt es in Lothringen und im Südosten nicht selten vor (v. Goerlich, burg. Dial. p. 129 und Foerster, Yzopet p. XXXIX).

66. Von den Indefinita mag hier Erwähnung finden der Obl. sg. *nului*: *lui* 25 b und der alte Nom. pl. *tuit*: *destruit* 26 a, *tuit* : *bruit* 29 c.

67. Numerale — Das Zahlwort verdient keine lange Besprechung: Bis und mit der Nummer 3 werden die Cardinalia natürlich noch fehlerlos flektirt, ebenso als Einheit gebrauchte Zahlen: N. *andui* : *lui* 17 c; — Obl. *an(s)dous* 22 d etc. — Zusammengesetzte Zahlen werden immer mit *et* verbunden z. B. I 238 ff.

Von Ordinal-Zahlen merke die ursprünglichen und lautgesetzlichen Formen *quart* 11, *quinte* 1 c. Das Suff.-esimus hat — *isme* ergeben, was Burgund ausschliesst, wo das Suffix — *eme* ergeben hat, während der übrige Theil des Ostens die erstere Bildung aufweist (vergl. Goerlich, burg. Dial. p. 67).

VERBUM.

68. Präsens Indicativi — Die erste Person singularis kennt weder ein analogisches *e* in der ersten Conjugation noch auch ein analogisches *s*: *comant* I 166, *coment* I 297, *je cuit* 1 b, *chatoi* : *toi* 5 b, *deproi* : *toi* 7 a, *proi* : *toi* 8 c, *renvoi* : *roi* 15 a; — *lui* : *sui* (sequor) 5 c, *requier* 8 c, *voi* (video): *loi* 16 d, *voi* : *moi* 19 b, *sai* : *essai* 20 b, *di* 1 b, *proi* : *croi* 17 c, *croi* : *voi* 18 b, *croi* : *moi* 26 c; der Schreiber hat vereinzelt ein *s* hinzugefügt: *aours* (adoro) 12 a; — *vois* (= vado) hat hingegen ein *s*: *vois* : *mois* 3 c.

---

[1] Ueber die Natur dieses *que* handelt: Tobler Verm. Beiträge p. 103 Anm.

69. Imperfectum Indicativi — Die Endung der ersten Person plur. ist das einsilbige — *iens* : *estiens* : *noiens* 3 d, *aviens* : *menissiens* (Conj.) I 317, *estiens* : *feriens* (Cond.) 4 c, *doviens* : *paiens* 6 c, *estiens* : *cheiens* (Conj.) 36 a, etc. Ebendieselbe Endung der 1. p. pl. auf -*iens* zeigen andere Verbalformen, die uns daher gestattet sei, in diesem Zusammenhang zu betrachten: Der Conjunctiv Präsentis geht in der 1. p. pl. auf — *iens* aus: *Soiens ausi con li colon* 3 a; — *diens* : *soiens* 6 b; — *Puis nos font dire et comender Ke nos de la cite issiens Et que mais n'i preechieins*, 11 a; — *Tant aiens de toi Ke plus certain soiens en foi, K'en la grant erron ne cheiens, Ou nos premierement estiens*, 36 a.

Ebenso lautet die 1. p. pl. des Conjunctiv Imperfecti auf — *iens* : *menissiens* : *aviens* (Imp. Ind.) I 317; — *Ce disoit il que nos fussiens Oscis ains que nos venissiens* 10 d; — *S. J. comande l'avoit Ke por la noise ki estoit En la cite fors n'ississiens, K'en agait ocis ne fussiens* 22 b; — *Et voloies k'aourissiens Tes faures lois et creissiens* 30 c; — *Nos proia Ke nos cel jor les lui fussiens Et sui oste demorissiens*, 34 c.

Endlich hat auch der Condicionalis in der 1. p. pl. die Endung — *iens* : *feriens* : *estiens* (Imperf.) 4 c.

Zweimal ist mir für — *iens* des Conjunctivs die Endung — *iemes* aufgestossen: *Se nos aviemes ocis ceus, Coment t'en rirojes sans eus*, 9 d; — *Mais or vos proi que m'aprendes Le sen de deu que vos saves, Par quoi puissiemes la lumiere Entendre k'ades est entiere*, 15 c.

Diese Endung — *iens* (z. Th. auch — *iemes*) weisen die östlichen und nordöstlichen Provinzen Frankreichs auf[1]; es ist die ältere Endung, welche sich im conservativen Osten noch erhielt, als sie schon im Centralfranzösischen der Form des Präsens Ind. angebildet worden war.

70. Perfectum — Hier ist zunächst und hauptsächlich die Endg. der 1. p. pl. der Verba der ersten schwachen Conjugation zu erwähnen, welche vereinzelt, ohne von einem Palatal beeinflusst zu sein, — *imes* lautet: *Atant en Efese*

---
[1] Lorentz, die erste Pers. Pl. des Verbums im Altfr. Strassb. Diss. 86 p. 40.

renimes, Les tenples abatus trovimes, 11 a; — *Et nos en un leu en renimes, Ou les plus vies homes trovimes*, 27 a; — *Apres sus la mer en venimes Et en une nef en entrimes*, 38 d. — In diesen Zusammenhang gehören auch die Conjunctive: *demorissiens* 34 c, *menissiens* 37 d, etc.; die Futura wie: *lapidiront* 30 b. etc.

Apfelstedt (a. a. O. § 5), der diese Formen einiger lothringischen Texte bespricht, führt sie mit Recht auf den Einfluss von Formen mit Palatal + arunt zurück, wo der in diesem Fall entstehende Diphthong *ie* zu *i* vereinfacht wurde; dann verallgemeinerte sich diese Endung auf Formen, bei denen die Bedingungen des Bartsch'schen Gesetzes nicht erfüllt sind. Dieses — *imes*, etc. scheint der übrige Osten, ausser Lothringen, nicht zu besitzen. [1]

Ueber die Endung — *isent* für — *irent*, entstanden aus dem Zusammenstoss von *s'r*, ist schon im Abschnitt von den Consonanten (§ 40) gehandelt worden. Sie ist, wie gesagt, unserm Text fremd und von einem pikardischen (oder wallonischen) Schreiber fälschlich eingesetzt worden (vergl. noch: Wilmotte, Romania XVII p. 568).

71. Futurum — Ueber *r*-sonans ist schon früher berichtet worden (§ 31). Bald ist das *a* der lat. I. Conjugation vollständig geschwunden, bald wiederum ist der tonlose Vokal anderer Conjugationen erhalten: *Ke en paiement lor donra* 9 b; — *Ces qui mestier ont en donras, Tresor el ciel en conquerras*, 17 d, etc. — aber: *deveroit* 4 b; — *Ausi con vos le semeres, Autant et plus receveres* 17 a; — *Filon dist: donkes se tu as Charite que deu averas . . .* 25 c, etc.

Zwei *r*, die sich nahe kommen, fliessen zusammen, es wird aber häufig nach pikardischem Gebrauch die Doppelconsonanz vereinfacht: *enterai* (intrare) 34 d, *mosterrai: renderai* 22 c, etc.

72. Conjunctiv — Das hauptsächlichste Charakteristikum unseres Textes, die erste Person Pluralis auf — *iens* ist schon (§ 69) angeführt worden. Von Interesse für die

---

[1] vergl. Bonnardot, Document en patois Lorrain i. Rom. I p. 330 ff. § V b.

Zeitbestimmung ist der Umstand, dass der Singular des Conj. Präs. der Verba der lat. I. Conj. nicht das analogische *e* kennt, sondern noch auf lautgesetzliche Art ausgeht: *Je ros comant es saintes mains Jesu Christ, ki deus est sovrains, Ke par sa debonairete Vos gart et maint a saurete* I 203. — *Ancois conmanda, k'on le basce Et le torment molt cruelment* II 132.

Der Conj. *basce* (: face) im letztern Beispiel, ist (§ 38) behandelt.

73. *estre* — Von Formen dieses Hülfzeitwortes ist zunächst die 1. p. pl. Ind. Präs. zu erwähnen, welche bald *somes*, bald *sons* lautet: *somes : prodomes* 12 c; *somes : homes* 19 a — aber: *ferons : sons* 13 b, — *Ne somes mie enchanteour, ains sons serjant au salveour,* 4 c.

Das Imperfectum braucht noch mit Vorliebe den satzbetonten Reflex von lat. eram: *iere : maniere* 11 b, *ierent* 4 a, *iere* 42 c, *ierent* 44 c; — *ie* verlangt auch: [*i*]*ere : chiere* 2 c; [*i*]*ere : man*[*i*]*ere* 14 b; — daneben scheint die 3. p. sg. auch die aus Analogie zu den übrigen Imperfecten entstandene Form mit *t* zu kennen: *L'uns* [*i*]*ert S. Lines apeles* II 119, — *Et quant nos vit, si nos en quiert, De quel(e) part li tenple i* [*i*]*ert* 19 c.

Auch das lautgesetzlich aus ero etc. gebildete Futur kommt neben dem analytisch gebildeten *serai*, etc. vor, und zwar, nach der häufigern Schreibweise zu urtheilen, mit undiphthongirtem *e* (absolut sicheres darüber kann ich nicht beibringen, da mir kein beweisender Reim aufgestossen ist; es ist aber immerhin anzunehmen, dass Imperfekt und Futur lautlich geschieden waren, und da für das Imperfekt die diphthongirte Form gesichert ist, so wird die Futur-Form wahrscheinlich nicht diphthongirt gewesen sein): *Jamas n'(i)ert de vos reue En cestui siecle ma veue* 1 301; — *Lors ert beneie Ta maison et tote ta vie* 27 a; — *Li remenans De Rome ert a son truage* 40 c.

DER DIALEKT.

Aus obigen Bemerkungen zur Textüberlieferung lässt sich, annähernd wenigstens, der Dialekt unseres Denkmals bestimmen. Wir haben es freilich nicht mit einem Patoistext zu thun, welcher uns die Redeweise des Volksmundes wiedergäbe, sondern mit dem Werk eines litterarisch gebildeten Mannes, der sich einer feiner gehobelten Schriftsprache befleissigt. Wenn es auch nicht diejenige von Isle-de-France ist, so ist es doch auch in gewissem Sinne ein Kunstprodukt, nämlich die Litteratursprache eines gewissen Theiles von Ostfrankreich. Es scheint mir nämlich unzweifelhaft, dass, eh' und bevor das Franzische alleinige Geltung erhielt, sich von bedeutendern Verkehrs- und Bildungsmittelpunkten aus vereinzelte Kunstsprachen entwickelt hatten, welche ihr Entstehen dem doppelten Bedürfniss verdankten, in weiterm Umkreis verständlich zu sein und zugleich des Adels und der Gebildeten Sprache, welche sich einer feinern Sinnesart anzupassen hatte, von der groben Redeweise des gemeines Volkes zu trennen. In gleicher Weise und mit demselben Recht, wie sich aus dem franzischen Dialekt die hoffähige franzische Schriftsprache entwickelt hatte, fand auch in andern Hauptstädten eine Trennung der Rede- und Schreibweise, der Umgangs- und Litteratursprache statt. So erfocht denn das Centralfranzösische, als es im Dienste seines Königs auszog, keinen wohlfeilen Sieg über untergeordnete Dialekte, sondern es unterdrückte gleichberechtigte Schriftsprachen, von denen etliche manchen Beweis ihrer Leistungsfähigkeit liefern konnten.

Was nun die 'Johannes-Legende' betrifft, so erweist sie sich, wie wir gesehen haben, auf den ersten Blick als dem Osten angehörig, indem ihr zunächst einzelne Züge anhaften, welche im ganzen Gebiete mehr oder weniger häufig vorkommen, wie z. B. *i*-Nachklang nach freiem Vokal — vl. *ǫ* = *o (ou)* für franzisches *eu* — Weibliches Suffix *ie* für centralfr. *iée* — Erleichterung schwachtoniger Silben — Gruppe *n'r* ohne Gleitlaut *d* — *-iens* als Endung der 1. p. pl. des Imperf. Ind., Condic., Conjunct. Präs. u. Imperf., u. a. m. —

Diese Besonderheiten finden sich sammt und sonders in einem litterarischen Denkmal aus dem Osten Frankreichs; sie genügen somit noch nicht zu einer genaueren Bestimmung der Heimath eines Textes. Die Schwierigkeiten im Ermitteln derselben nehmen zu, je weiter sich die veredelte Sprache vom Volksidiom entfernt, wobei sie ihre Eigenart einbüsst, indem sie ihre charaktervollsten Eigenthümlichkeiten freiwillig aufgiebt. Das ist bei unserm Text eingetroffen; immerhin zeigt er noch bestimmte Färbungen, welche uns, im Verein mit der Kenntniss von des Dichters Persönlichkeit, auf die richtige Spur bringen können. Lothringen ist allem Anschein nach Thierri's Heimath gewesen; Vaucouleurs — an der Grenze obengenannten Gebietes und der Champagne Centralfrankreich sich nähernd — vertauschte er frühzeitig mit der blühenden Hauptstadt Metz, wo er mit der dortigen Sprache der Gebildeten wie des gemeinen Mannes vertraut wurde, während ihm seine Beschäftigung mit Wissenschaft und Litteratur im Benediktinerkloster die hoffähige Redeweise lehrte. So wird er von verschiedenen Seiten beeinflusst worden sein. Eine Prüfung seines Werkes scheint diese Annahme zu bestätigen: einerseits sind einzelne Wortformen nach franzischem Muster umgemodelt, so dass der Verfasser nicht den Eindruck eines verstockten Ostfranzosen macht; andererseits muss seine Muttersprache in ihm doch starke Wurzeln getrieben haben, da er Provinzialismen nicht gänzlich los wird. Letztere würden uns, auch wenn wir seinen Aufenthaltsort sonst nicht kennten, nach Lothringen weisen, indem sie andere Dialekte des Ostens ausscheiden, oder doch in ihrer Gesammtheit sonst nirgends zu gleicher Zeit vorkommen. Während einzelne Formen den Nordosten, andere wiederum den Südosten ausschliessen, zieht sich das Netz immer enger zusammen, bis unser Blick unwillkürlich auf Lothringen fällt. Dahin deutet z. B. $o + i =$ promiscue *ui* und *oi* — *a* an der Stelle anderer Vokale in vortoniger Stellung. - Zu *i* reduzirte Diphthonge in unbetonter Silbe. — Verwechslung des stimmhaften und stimmlosen *s*. — Schwund des *l* vor Consonant. — Nominativ des Pron. relat. *ke* für *ki*. — Das Possessivum *mou* für *mon* — *-imes* im

Perfekt der I. Conjugation, u. a. m. Entscheidender aber
für den Dialekt unseres Textes, als das Vorhandensein dieser
einzelnen mundartlichen Züge, ist der Eindruck, den die
Gesammtheit ihrer Erscheinungen macht; darauf einzugehen
ist hier unnöthig und unmöglich, es muss auf obige Sprachuntersuchung und auf die Textprobe verwiesen werden.
Dass wir nicht die erste Niederschrift der Dichtung,
nicht des Mönches eigenes Manuscript vor uns haben, das
geht — andere Gründe beiseit gelassen — aus ausnahms-
weisen mundartlichen Erscheinungen hervor, welche nicht aus
der Feder Thierri's herrühren können, weil sie sich mit der
Sprache des übrigen Poëms nicht vertragen. Diese Eigenthümlichkeiten gehören ohne Unterschied in das Gebiet der
Picardie. Der Reim verpönt sie, was sie als unächt kennzeichnet (— schon die Identität von *en + Cons.* und *an +
Cons.* schliesst die Picardie und das Wallonische aus —).
Hier die hauptsächlichsten Fälle zur Erinnerung: Monophthongirung der *i*-haltigen Diphthonge durch Schwund des
i-Bestandtheiles — v lat. ǫ = *eu* (wie im Franzischen) —
Erhaltung des auslautenden losen *t*. — Willkürliche Behandlung der Doppelconsonanz. — Gruppe *s'r* der 3. p. pl. Perf.
zu *s (fisent,* etc.) — lat. c + a = *k (castes)*. — Einzelne
Formen der Pronomina: *sen* für *son, dus* für *eus, le* für *la,*
u. a. m. Man ist also berechtigt auf das Vorhandensein eines
pikardischen Schreibers zu schliessen; dass zwischen ihm und
dem Dichter kein grosser zeitlicher Abstand ist, beglaubigt
der Umstand, dass beiden die gleiche Grammatik eigen ist,
indem die gegen das Ende des XIII. Jahrhunderts ein-
reissende Entartung der alten Sprache nur selten fühlbar
wird.

DIE DATIRUNG.

Eine bis auf das Jahrzehnt genaue Bestimmung der
Abfassungszeit hat, wenn der Inhalt des Werkes keine An-
haltspunke zur Datirung liefert, ihre Schwierigkeit; denn man
bleibt in diesem Fall auf die Laut- und Formenverhältnisse
angewiesen, welche den betreffenden Zeitpunkt doch nur annähernd verrathen, sodass den Vermuthungen immer noch

ein gewisser Spielraum gestattet ist. Ueberdies erschwert das Vorhandensein eines Kopisten den Einblick in die Werkstatt des Dichters, indem man oft im Zweifel bleiben kann, ob eine bestimmte Erscheinung von diesem oder jenem herrührt.

Vorliegende Dichtung gehört, wie man sich überzeugt haben wird, noch in die Blüthezeit der alten Sprache, welche ihren Formenreichthum noch nicht eingebüsst hat, und deren Flexion noch nicht durch Verstummen der Endconsonanten in ihrer Existenz bedroht ist; von fern nur zeigen sich seltene Anzeichen des Verfalls.

Vor Anfang des XIII. Jahrhunderts kann die Johanneslegende in der uns bekannten Form nicht bestanden haben. Folgende Punkte stützen diese Annahme: *s* vor Consonant ist vollständig verstummt und unbeachtet.[1] — Schwund des auslautenden *t*. — Uebergangsstadium für den Gebrauch des analogischen Nominativ-*s* im Singular der Masculin-Deklinationen. — Dasselbe in Bezug auf das *s* des nom. sg. der Feminina der lat. III. Deklination; — die Durchführung dieser Erscheinungen gehört dem Ende des XII. und Anfang des XIII. Jahrhunderts an.

Für die Festsetzung der entgegengesetzten Zeitgrenze kommen folgende Merkmale in Betracht: Die Reime auf *ie* sind durchweg rein und noch nicht mit solchen auf bloss *e* vermischt. — Inlautendes *e* vor Vokal hat regelmässig noch Silbenwerth. — Personenbezeichnungen mit eigener Nomin.-Sing.-Form ersetzen diese noch nicht durch die Obliquus-Form mit Nom.-*s*. — Die lat. Adjektiva zweier Endungen kennen die Feminin-Form mit analogischem *e* nicht. — Die I. p. sg. Ind. Praes. der Verba der lat. I Conj. kennt kein analogisches *e*. — Der Conj. Praes. derselben Verben hat im Sing. kein analogisches *e*. — Die I. p. sg. Ind. Praes. der Verba der lat. II. III. IV. Conj. hat kein analogisches *s*; — das Eintreten dieser, unserm Gedicht noch unbekannten, Erscheinungen fällt in die zweite Hälfte des XIII. Jahrhunderts.

Es steht uns somit zur Unterbringung der Johannes-

---

[1] Groebers Grundriss p. 586.

legende die erste Hälfte des XIII. Jahrhunderts offen; lassen wir die Extreme beiseit, so kommen wir etwa auf die zwanziger oder dreissiger Jahre jenes Sacculums, wobei wir es bewenden lassen müssen.

Die Johanneslegende bedeutet demnach ein weiteres Denkmal jener zweiten Hälfte der Blütheperiode altfranzösischer Litteratur. —

Zum Schlusse liegt mir die angenehme Pflicht ob, meinem verehrten Lehrer, Herrn Prof. Dr. Freymond, der mir die Anregung zu dieser Arbeit gegeben und mich in liebenswürdiger Weise durch Berathung und Mittheilungen unterstützt hat, meinen tiefgefühlten Dank für seine freundliche Beihülfe auszusprechen.

TEXTPROBE ALS ANHANG.
(I, II.)

I.

(f⁰ 36,b) Apres ce sains Jehans pris m'u, 1
En un leu secre me mena,
Ki estoit desers et wisous,
Ki ot non li lius de repous,
Ki loi[n]g de la cite estoit, 5
Demie liue i avoit;
Desus un petit mont seumes,
·III· jors ke nos ne nos meumes.
Et S. Jehans ades pria,
C'onques ne but ne ne manja, 10
Et disoit: dex glorios peres,
Je te deproi ci por mes freres
Ke tu lor welles otrier
Ce dont il ont tel desirrier.
Au tiers jor a lui m'apela 15
Et me dist: fils Prochore, va
En la cite ton droit chemin,
Si m'aporte encre et perchemin;
Et si ne dire tote voie
A nul home lai ou je soie. 20
Je m'en vi[n]g lors en la cite,
Si fis ce k'il m'ot conmande,
Et puis arriere retornai,
Encre et perchemin aportai.
Et il me dist: fils, laisse ci 25

Le perchemin et l'encre ausi,
Arriere en la cite (re)torne
Et au tier[s] jor a moi retorne.
Je m'en vi[n]g lors en la cite;
Quant li troi jor furent pasce, 30
Au tiers m'en ving a lui errant,
Si le trovai deu depriant;
Et quant s'orisons vint a fin,
Si me dist: pren. le perchemin
Et l'encre, si sie a ma dextre. 35
Et jel fis, k'il le covint estre.
Et tantost que assis fu la,
La montaigne tant fort crola,
C'une foudre leva si grans
Et uns tunoires si pesans, 40
Que la montaigne trenbla toute.
Et je par *oi si* tres grant doute,
C'a la terre pasmes cheu
Ne nient plus que mors me mu.
Et S. Jehans me releva 45
De ses propes mains et dit m'a:
Sie deles moi. Et je si fis.
Et il me dist: Prochore fils,
Tout ce que de ma bouche oras,
En ton perchemin escriras; 50
C'est de celui qui mort soffri.
Sa presiouse bouche ovri,
Ces iox pitous el ciel tendit,
L'avangile mot a mot dit,
Et fist tote jusk'a la fin. 55
Et je le mis en perchemin;
Et onques tant con il me dist
Ne reposa onques ne sist,

---

27. Der Reim ist wahrscheinlich Simplex : Compositum , also *torne* : *retorne*; in diesem Fall ist das *e* von *arriere* silbenbildend. 42. Unleserlich. 43. Perf. *cheu* neben *chei* auch in den Metzischen Predigten St. Bernard's. (vergl. Bartsch, Chrestomathie p. 209, 32).

Et tout ades fu en estant,
Mais je l'escrivoie en seant. 60
.ij. jors entiers i demorames
Et .vj. hores k' ainc n'en tornames,
C'onques il ne sessa de dire
L'avangile ne je d'escrire.
Quant nos eumes l'uevre faite 65
De l'avangile et bien portraite,
De la montaigne nos pertimes
Et en Caron nos en venimes,
[Tot] droit en la maison Prochaine,
Ki de la foi deu estoit plainne. 70
Maintenant la table nos mist
Et mangier et boivre nos fist;
Si fumes cele nuit laians.
Au matin a dit S. Jehans:
Antipater, [mes] biaus fils dous, 75
Dou mellor perchemin quier nos,
Ke porras trover ne eslire
Por la sainte evangile escrire,
Ce que deus mostre nos en a.
Et Antipater tantost va 80
Toutes les mellors aporter
Ke il pot choisir ne trover.
S. Jehans les dona a moi
Et dist: fils Prochore, sie toi,
Cest perchemin isnelement 85
Aparelle et diligentment
Et atorne bien et atire,
Por la sainte evangile ecrire.
Et je a molt grant deligence
Per la grace et p la poissance 90
Et la trinite soverainne
M'en ving en la cite Prochaine
Et leens mis je en escrit

59. *Mais?* 69 u. 75. Fehlt im ms. eine Silbe. 92. verwischt.

L'avangile deu Jesucrit.
Endementiers que je seoie 95
Et que l'avangile escrisoie,
S. Jehans per tout preechoit
Et eveskes establisoit,
Prestres et prelas ausiment
Per tous les lius comunement 100
Ou les englises ot fondees
Et dou non deu rengenerees.
Et quant j'oi escrit l'avangile,
Nos freres de tote la vile
Conmanda S. Jehans aler 105
Ensenble por a aus parler;
Et il se sunt tuit asenble,
Si en sunt a l'anglise ale.
S. Jehans me dist maintenant:
Fils Prochore, lieve en estant, 110
Lis l'avangile au creator
A tos nos freres ci entor.
Et je maintenant me levai
Et devant tous leue l'ai;
Li frere grant joie menerent 115
De l'avangile et deu loerent,
Ki en ses vertus est poisans.
Lors a dit a tous S. Jehans:
Frere, l'avangile prendes,
Si l'escrisies et la metes 120
Chascuns de vos dedens s'anglise.
Et il font *lonc ce* k'il devise.
Et S. Jehans encors lor dist:
Ce que de nos sera escrit,
En ceste terre demorra, 125
Et ce que *de vos, covenra*

---

97. Was lat. praedicare betrifft, so erscheint es in unserm Gedicht in zwei gleichberechtigten Formen: *preechier* und *prechier*, je nachdem eine Silbe mehr oder weniger wünschbar ist. 126. verwischt. Prochorus hat eine etwas andere Aussage: quod exscriptum est in pellibus caprarum, in insula hac custodite, quod vero exscriptum

Par mer en Efese porter.
Et puis prist a moi a parler:
Fils Prochore, or en alons
Par les cites et preechons 130
La foi et la sainte avangile,
Ansois ke issiens de ceste ille.
Et dont feimes nos mains tors;
Cites, chatiaus, viles et cours
Des paroles deu raenplimes 135
Et la deu semence i meimes,
Si que par tout fu la deu lois.
Puis i demorames ·iij· mois,
Ke li euvangile fu faite
Et escrite et par tout retraite. — 140
Un preste en une vile avoit,
Qui on tenple Jovis servoit,
Ki avoit a non Eucharis.
S'est avugles uns de ces fis;
Et quant S. Jehans preechoit, 145
Cil enfes ades i venoit,
Molt volentiers lo oit parler.
Lors le comence a apeler:
Maistres! S. Jehans respondi:
Ke te faut? Li awgles dit: 150
Por celui deu que tu aores
Et preeches et tant honores,
Te di que je volentiers t'oi;
Mais une chose faut en moi,
C'est ce ke ne te puis veoir, 155
Et se je peusse ravoir
Par ta proiere ma veue,
Si seroit ma joie creue,
Se pooie veoir ta face;
Or proi ton deu que il le face! 160
Molt ot S. Jehans grant pit(i)e

---

est in chartis, oportet illud nobiscum in Ephesiorum civitatem deferri
(C. XLVII). 137. *dez* des ms. ist wohl ein Schreibfehler. 161. Hier

De cele si grant povrete,
Ke il veoie anfant soffrir,
Lors le va par la main tenir
Et dist: el non deu, qui tout garde,   165
Te comant je ke tu regarde!
Et il tantost ces ious ovrit
Et con uns autres hons cler vit.
Quant Eucharis vit la vertu,
Ke S. Jehans avoit rendu   170
A son fil des iox la lumiere,
A pies li chiet, fait li priere,
Qu'a lui et a son fil donast
Batame et de deu le segnast.
Lors sont en sa maison entre;   175
On nou de sainte Trinite
S. Jehans baptisies les a
Et la loi deu lor demostra.
Et puis de sa maison issimes
Et en la cite en venimes. —   180
Au matin se mut en un leu
S. Jehans per le plasir deu;
Tuit li frere c'i assenblerent
Et molt d'autre, qui s'acoterent,
De femes, de grius, de juis;   185
Par fu li luis tous entrepris.
Et il lor prist a preechier
Et des escritures touchier.
Quant ot fine son prechement,
As freres dist conmunement: 190
Bel fil, de moi vos ramenbres
Et la foi deu bien retenes
Et tout ce k'ensignie vos ai
Et les conmans de deu, le vrai,

---

ist *pile* vom Reim verlangt, eine Form die gelegentlich mit der andern abwechselt. 166. *regarde* ist die Imperativform, welcher kein *s* zukommt; vergl. über diesen anakoluth. gebrauchten Imp. in abhängigen Sätzen: Tobler, vermischte Beiträge p. 25. 191. Im ms. verstümmelt: biau fil‹.

Qu'en l'avangile troveres ; 195
Ausi obedient seres,
Et deus avuec vos regnera.
Quant la parole fine[e] a,
Si lor a demande congic
Tos ensenble et dist: bel fil, gie 200
Je doi en Efese raler
Por nos freres a visiter ;
Je vos comant es saintes mains
Jhesucrist qui deus est sovrains,
Que per sa debonairete 205
Vos gart et maint a sauvete.
Lors lor a fait beneison
De Jhesucrist et de son non.
Et quant li frere ce oirent
De son alee grant duel firent 210
Et ne finoient de proier:
Por deu, pere, ne nos lassier!
S. Jehans en pais les baisa
Et puis a deu les comanda. —
Apres sus la mer en venimes, 215
Et en une nef en entrimes
Et najames permi la mer
·x· jors sans nul peril trover ;
Apres se de la mer issimes,
En Efese nos en venimes. 220
Et tantost que fumes entre
Dedens Efese la cite,
Tote la gent est acorrue
A grant joie a nostre venue.*
Dioscorides mors estoit, 225
Cil qui princes este avoit ;
Donus, ces fils, encor vivoit,
Qui suscites este avoit

---

* Hier schliesst des Prochorus lat. Vita.
195. *K'en* für ms. *Quant.* 196. *obedient* ist lat. und aus der Vorlage herübergenommen. 203. ms. *comans.* 225—228. 4 Verse mit dem gleichen Reim, offenbaren das Unvermögen des Dichters, Sätze

El ba[in]g Romainne ou ot este,
Que diables ot estrangle.   230
Cil nos recut trop liement
En son ostel *trop* richement ;
Tuit li frere s'i asenbloient,
Qui S. Jehan oir voloient,
Ki tuit furent molt humlement   235
Dou tout a son conmandement. —
Ensi en Efese mansimes
·xxxvj· ans as ·ij· foies
Et ·xj· ans fumes en Pathmot ;
Et S. Jehans ·L· ans ot   240
Et ·vij· mois et awec ·j· an,
Quant parti de Jherusalem
Por en Efese preechier ;
Ce sunt $\overset{xx}{_{iiij}}$. ans entier
Et ·xix· ans ·v· mois mains,   245
De ce soit chascuns tos certains.
$\overset{xx}{_{iiij}}$. et ·xix· ans
·v· mois mains vesqui S. Jehans.
Et j'avoie a no departir
De Jerusalem sans mentir   250
·xxxj· an ·iiij· mois mains,
De seu sui je trestos certains. —
Quant S. Jehans en la fin sot
Que deus de venir somons l'ot
En sa gloire, si a o li   255
·vj· desciples menes et mi
Et dist: apres moi en venes
Et peles et fossoirs prendes.
Et nos ·vij· ensi le feimes.

---

parallelen Inhalts verschieden zu formeln.   229. *Romainne* ist Eigenname.   237. Die Stelle scheint verdorben. Begnügt sich der Dichter hier mit Assonanz? *mansimes*, endungsbetonte Form, welche wie der bekannte Konj. *mainsisse (munsisse)* gebildet scheint. (Vergl. S c h w a n p. 156).   253 ff. Hier beginnt die charaktervollste Episode des Werkes, welche, obgleich mit einer peinlichen Ausführlichkeit erzählt, etwas vom naiv-realistischen Geist mittelalterlicher Malerei besitzt.

Devant ala, si le sivimes ; 260
A un leu nos en a menes,
Puis nos a dit : ci vos sees
Tant que je revanrai a vos.
Atant c'est aloignies de nos
Bien au loi[n]g do get d'une pierc, 265
Si a faite la sa proiere,
Si proia deu molt longuement
Tout en estant devotement ;
Et nus de nos n'osoit aler
A lui, n'aprochier, ne parler. 270
Et quant s'orison finee a,
Li nos dist : frere, venes sa !
Nos alames, et il nos dist :
Foucs ci on non Jesucrist
Selonc mou lonc et ma stature 275
Eu signe de crois a droiture
Tant con mes bras tendre porra[i].
Nos le feimes sans delai.
Puis a deu en estant proie,
Et puis si a chascun basie ; 280
Lors descent en sa sepulture,
En droite senblance et figure
De crois ses ·ij· bras estendit,
Et puis si a a nos tos dit :
Or traies sor moi, segnor frere, 285
La terre, ma premiere mere,
Jusques mes genos solement.
(Et)nos le f[e]imes ensement.
Thierce fois proia Jesucrist,
Puis si nos a baisies et dit : 290
Sor moi, fil, la tere metes
Et jusques au col me covres.
Nos feimes sa volente.
Et il a quarte fois ore,
Puis me dist : Prochore, biax fis, 295
En Jerusalem soies fis
Te coment ta vie finer

Si te comaut a retorner.
Puis nos dist: un drap m'aportes,
Si me baisies et me covres, 300
Que jamas n'(i)ert de vos veue
En cestui siecle ma veue.
Lors sor lui cheir nos laisames
Et en plorant tuit le baisames.
Dou drap covrimes sa veue, 305
Et puis si a l'ame rendue.
De la tere apres le covrimes,
Et en Efese revenimes.
Et quant tuit ·vij· fumes entre
Dedens Efese la cite 310
Tuit nostre ami a nos en vinrent,
Si nos demanderent et dirent:
Ou est nostre maistres Jehans?
Nos respondimes tos oians
Les choses k'avenues furent; 315
Et il nos prient et conjurent,
Que nos au liu les menissiens
Ou nos enseveli l'aviens.
Et nos au lui nos en venimes
Et en son sepulcre quesimes, 320
Mais son cors trover ne peumes
La ou nos enterre l'eumes.
Lors depriames trestuit deu,
Puis nos partimes de cel leu:
Deu le pere et lo fil louames 325
Et le saint espir aorames,
Qui sans fin vit et sans fin regne
En son saint perma[na]ble regne.

---

314. *tos oians*: persönl. Dativobjekt ohne *a* (s. Tobler, Verm. Beitr. p 174).

II.

(f⁰ 37 b). Apres l'empereor Noiron 1
Ki tant de tribulation
Fist aus crestiens nostre signor,
Si tint Domitiens l'ouor
De l'enpire; en cel tens estoit 5
S. Jehans qui lors preechoit
En Efese la sainte foi.
Noveles en vinrent au roi
Domitien, signor de Rome,
Ki le haoit plus que nul home, 10
Que S. Jehans ensi prechoit
Et Efese convertissoit.
Tantost k'il le sot a mande
Au prince de cele cite
En Efese un[e] chartre escrite, 15
Qui en tel maniere fu dite:
Jehans li Zebedei fils,
Que celui qu'ot non Jesucris,
Que por ces maus et ces pechies
Fu haut pendus et clofichies, 20
Et aore et vat pre[e]chant,
Nos li conmandons, que atant
Cest de pre[e]chier a folor,
Ou il soit mors a grant dolor.
Quant li princes a coneue 25
La chartre et mot a mot leue,
S. Jehan grantment agaita;
Si le prist et amonesta
De part le roi que renoiast
Jesucrist, ne plus ne parlast. 30
S. Jehans au prince respont:
Por les grans biens que en lui sunt,
Qu'en chascun aparellie a,

---

17 ff. Die Satzbildung dieses Briefes ist mangelhaft, indem der Schreiber aus der Construktion gefallen ist. Vielleicht ist die Stelle verdorben. 18 ff. *que* für *qui* siehe die Dialektuntersuchung § 65. 22. Unleserlich. 23. im ms. *cesse de prechier.*

Ki de loial cuer l'amera,
Li doit on ancois obeir   35
K'a home mortel sans mentir.
Ja mon deu ne renoiera[i],
Ne mon preechier ne laira[i],
Tant qu'en mon cors aurai la vie,
Qu'il m'a en cest siecle lassie.   40
Quant li princes li oit dire
Tes paroles, s'esrage d'ire,
Tout le visage en ot torble,
Si at a S. Jehan parle:
Ou a[s]tu prise tel folor   45
Con correcier l'empereor?
Lors l'a en sa chartre gete,
Puis si a dit: la volente
Ne doit on pas a tous ceus faire,
Ki as haus princes sunt contrajre.   50
Quant S. Jehans fu mis en chartre,
Li princes fist une autre chartre,
Qu'il envoia de S. Jehan
A Rome au roi, faite en cest sen:
Au roi Domitien, cesaire,   55
Empereor tres debonaire,
Li princes d'Efese salut!
A ta gloire soit coneut,
Ke Jehans, dont escrit nos as
Les lettres que *tu nos mandas*,   60
Est desa en Ase venus;
De Jesu qu'en crois fu pendus
Dist il, que il est venus deus,
Et qu'il n'est autres que il seus;
Ne nos deus ne lasse aorer,   65
Ains fait les tenples reverser,
Que nostre grant ancisor fisent,
Qui les tres poissans deus i misent;

---

48. Prochorus Cap. VIII p. 52: rebelles principibus et legum contemptores non decet suae voluntatis habere potestatem.   59/60. i. ms. verdorbene Stelle: *Ke J., dont escrit nos as Les lettres dont escrit nos as*. 67/68. das Original muss *firent: mirent* haben, s. Dialektunters. § 40.

Enchanteres est et contraires
Encontre les deus debonaires 70
Et a vostre conmandement,
S' a tant fait par son prechement,
Ke cil qu'en Efese demorent
A b[i]en pres tout celui aourent,
Qui fu en la crois clofichies ; 75
Tant les a cil Jehans prechies.
Et nos, qui en somes dolant
Des haus deus qu'il va abaisant,
Lou feimes delivrement
Venir a nostre jugement, 80
Et selon[c] sc que vos mandastes,
Quant vos lettres nos envoiastes,
L'amonestames doucement
De par vostre comandement,
Que son Jesuchrist renoiast 85
Et son preechement lassast
Et feist sacrefiement
As deus poissans devotement ;
Onques son deu ne vot lassier
Por biau parler ne manecier ; 90
Nos veimes sa grant sotie,
Dont retraire ne se vot mie,
Ne amender de sa folor
Por menasce ne por amor ;
Si avons en escrit mande 95
A vostre digne poeste
Tout ce que vos en plaist a fare
De lui que trovons si contraire,
Mandes vostre comandement,
Nos le ferons isnellement. 100
Quant l'emperercs leu(c) a
Les lettres que li envoia
Li princes d'Efese, s'ot ire
Si grant con ne le porroit dire ;
Car adont devant lui estoient 105
Dui saint qu'encontre lui parloient
De l'avenement Jesucrist

Et li provoient par escrit, —
L'uns [i]ert S. Lines apeles,
Qui por deu fu mors et penes, 110
Li autres S. Marcel ot non,
Qui por deu soffri passion, —
Tant qu'il le rendirent vencu,
Dont le cuer ot si irascu,
K'ensus de lui les fist bouter 115
Et fors de son palais geter.
De S. Jehan tenoit le brief,
S'en ot le cuer dolant et grief,
Con hom forsenes et plains d'ire,
A fait une autre chartre escrire, 120
K'en Efese ariere envoia
Au prince et si li comanda,
Ke S. Jehan estroit liast
Et a Rome a lui l'amenast.
Quant li princes la chartre ot prise 125
Et leu se qu'ele devise,
S. Jehan de chaines lia
Et puis a Rome l'en mena:
Quant li rois sa venue sot,
Si grant crualte en lui ot, 130
Que nes veoir ne vot sa face,
Ancois comanda con le basce
Et le torment *molt* cruelment,
Puis si soit menes erranment
A la porte c'on dit Latrant, 135
Et en plain tonel d'oile ardant
Soit getes por tormenter grief,
Et si at res tondu le chief,
Et qu'en tel maniere soit res,
Que jamais ne soit honores. 140
Li princes qui diligentment
Wet faire son comandement

---

127. 2silbiges *chaines* gehört wahrsch. dem Kopisten; *saint* wird für das Original zu streichen sein. 135. d. lat. vita hat: porta Latina (Cap. X). 137. *grief* ist auch Adverb (vergl. Bartsch, Chrestomathie p. 394, 32).

A S. Jehan tout coi tenu;
Apres sont ensenble venu
A la porte devant nomee, 145
Ou des gens ot grant asenblee.
Le torment fist aparillier
Et S. Jehan nu despoillier,
Puis l'ont li servant molt batu
Cruelment et le chief tondu. 150
En cel lui estoient maint home
Et tuit li senator de Rome,
Li princes d' Efese i estoit,
Qui l'oile boilli conmandoit.
Et quant il fu chaus et boillans, 155
S. Jehan fist geter dedens,
Droit le sesime jor de mai;
Mais ains n'ot paour ne esmai,
Que tout ausi come sa vie
Ne fu tentee ne perie 160
Onques de nus mortes pechies,
Ausi ne fu ces cors blecies
De torment, c'on li peust faire,
Tant fussent apre ne contraire;
Ains en issi tout sainnement. 165
Et adonc en remenbrement
Dou glorious euvangeliste,
Li servant deu et li menistre
En celi porte fare fisent
Une englise, que establisent 170
De bone oevre et bel ator;
Et encor jusk'a hui cest jor
Li loial, c'ont en deu creance,
Le vont *la* requerre en fiance.
Ensi vot Jesucris mostrer 175
Cest miracle en lui salver;
Et si con Rome est honoree,
De la sainte crois aoree,
Ou sains Pieres la mort sofri,

153, 154. ms. *estoient : conmandoient*. 169/170. Corrumpirte
Reime des Kopisten; das Original hatte zweifellos *firent : establirent*.

Ensi deus S. J. sofri 180
Estre mis en l'oile ou tonel,
Que par cel glorious vassel
Fust ausement Rome ennoblie,
Con ele estoit ja sorhaucie
De cele crois ou mort soffrit 185
Li apostres deu Jesucrist.
Ensi ot S. Jehans este
En l'ole, et quant l'en ot gete,
Si l'a on veu sauf et sain
En pie, en cors, en chief, en main. 190
Quant li princes vit S. Jehan
Fort champion qui sans ahan
Issi del tonel sans blecure,
Esbais fu outre mesure;
Volentiers l'eust delivre, 195
Se il n'eust le roi doute,
Et quant Domitiens le sot,
Ke li apostres ensi ot
Issu del tonel sainement,
K'il n'estoit fors oins solement 200
De l'oile qu'el tonel estoit,
Et que por tormenter n'estroit
Vencus, si conmanda, que il
Fust en l'isle mis en essil
De Pathmos et b[i]en se gardast, 205
Ke nus hons rien ne li donast,
Dont on le peust tormenter.

---

180. zweifelhaft: ms. *en dens?* 198/199. Ist, da *eissir* gewöhnlich mit *estre* gebunden wird, trotz der auffallenden Wortstellung, das *ot* mit substantivischem *sainement* (sanamentum) zu verbinden? In diesem Fall muss aber *issu* als Nom. ein *s* bekommen. 207. Das Pergament ist zusammengeflickt, so dass die nächste Zeile dunkel bleibt. Des Prochorus' Vita beschliesst diese Episode folgendermassen: *Videns igitur Proconsul, Joannem athletam Christi fortissimum de dolio exeuntem velut unctum non ustum, stupefactus voluisset ei libertatem dare, si non timuisset regis jussionem. Tunc Domitianus jussit, ne amplius proconsul Joannem torqueret, sed reduceret eum, ut dein amplius disponeret, quid de eo esset agendum* (Cap. XI). — Vergl. den Abschnitt über die Quellen des Gedichtes.